Liderança

Dale Carnegie
e associados

Liderança

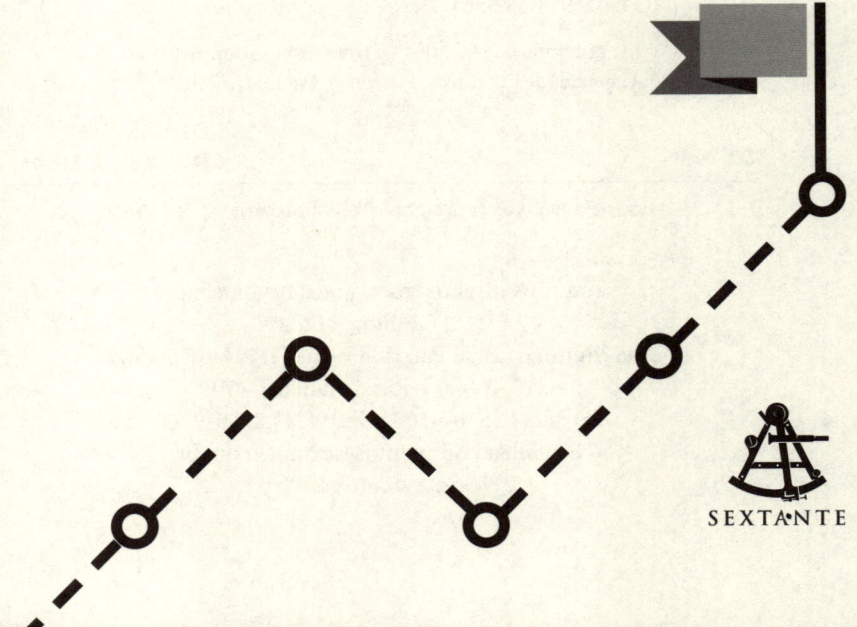

Título original: *Leadership Mastery: How to Challenge Yourself and Others to Greatness*

Copyright © 2000, 2009 por Dale Carnegie & Associates, Inc.
Copyright da tradução © 2022 por GMT Editores Ltda.

Publicado mediante acordo com a editora original, Fireside, um selo da Simon & Schuster, Inc.

Todos os direitos reservados. Nenhuma parte deste livro pode ser utilizada ou reproduzida sob quaisquer meios existentes sem autorização por escrito dos editores.

tradução: Paulo Afonso
copidesque: Sílvia Correr | Ab Aeterno
revisão: Hermínia Totti e Luis Américo Costa
projeto gráfico e diagramação: DTPhoenix Editorial
capa: DuatDesign
impressão e acabamento: Associação Religiosa Imprensa da Fé

CIP-BRASIL. CATALOGAÇÃO NA PUBLICAÇÃO
SINDICATO NACIONAL DOS EDITORES DE LIVROS, RJ

C286L	Carnegie, Dale, 1888-1955
	Liderança / Dale Carnegie; tradução Paulo Afonso. – 1. ed. – Rio de Janeiro: Sextante, 2022.
	224 p. ; 23 cm.
	Tradução de: Leadership mastery
	ISBN 978-65-5564-432-6
	1. Liderança. 2. Grupos de trabalho – Administração. 3. Capacidade executiva. I. Afonso, Paulo. II. Título.
22-78405	CDD: 658.4092
	CDU: 005.322:316.46

Gabriela Faray Ferreira Lopes - Bibliotecária - CRB-7/664

Todos os direitos reservados, no Brasil, por
GMT Editores Ltda.
Rua Voluntários da Pátria, 45 – Gr. 1.404 – Botafogo
22270-000 – Rio de Janeiro – RJ
Tel.: (21) 2538-4100 – Fax: (21) 2286-9244
E-mail: atendimento@sextante.com.br
www.sextante.com.br

Sumário

Prefácio	7
1. O que fazem os líderes	11
2. Comunicação e expectativa	22
3. Motivação que fortalece	33
4. A orientação que faz diferença	48
5. Os sinais de talento para a liderança	57
6. As quatro qualidades dos mestres em liderança	66
7. Aceitando os riscos	76
8. Enfrentando a aversão a riscos	82
9. Liderança inspiradora	89
10. O perfil do líder inspirador	100
11. Liderança organizacional	108
12. As táticas dos grandes líderes organizacionais	126
13. Descobrindo seu estilo de liderança	134
14. Continuando a descobrir seu estilo de liderança	143
15. Liderança equilibrada I: saúde geral	150
16. Liderança equilibrada II: tempo e família	159

17. Liderança em um novo ambiente de trabalho — 168

18. Diversificando e humanizando sua organização — 175

19. Táticas e técnicas práticas — 181

20. Coerência, competência e comunicação telefônica — 189

21. Lidando com crises: o verdadeiro teste da maestria da liderança — 195

22. Dominando a administração de crises — 202

23. Construindo fundações firmes para um futuro imprevisível — 210

24. Conclusão — 216

Prefácio

PARA ONDE FORAM OS LÍDERES? Existe um vácuo de liderança nas principais instituições do mundo: governo, educação, negócios, religião e artes. Essa crise de liderança se abateu sobre nós, em parte porque muitas dessas instituições foram reinventadas – a vida está muito mais incerta, e liderar, bem mais arriscado. Mas essa situação se deve, sobretudo, à incrível revolução tecnológica que vivenciamos agora. Há quem diga que o método científico pode resolver todos os nossos problemas e que a tecnologia é capaz de tornar isso possível com muito mais rapidez que antes. A sociedade global conectada pela internet instalou-se de vez em nossa rotina, mas nunca tantas pessoas se sentiram tão isoladas umas das outras. Indivíduos em todo o mundo se encontram desconectados de suas raízes e inseguros quanto ao futuro. Isso porque as relações humanas estão se deteriorando rapidamente em um mundo cada vez mais virtual. Assim, o talento para desenvolvê-las nunca foi tão valorizado.

É difícil encontrar uma empresa que não tenha uma página pessoal e um e-mail para contato. Logo, a única forma de diferenciar você e sua organização é tornar-se excepcionalmente hábil em liderar e persuadir os outros. Pense nisto: na ultrapassada era de instituições hierarquicamente organizadas, grandes máquinas governamentais e famílias tradicionais, a necessidade de liderança era evidente. Sabíamos quais eram as regras. Precisávamos dos líderes para nos obrigar a cumpri-las. No entanto, numa era de organizações planas, governos cada vez mais irrelevantes e famílias em que os dois cônjuges trabalham fora, não existe mais um conjunto claro de regras a serem seguidas.

Além disso, líderes extremamente controladores, que tentam impor regras arbitrárias e irrelevantes, já não conseguem ser bem-sucedidos. Portanto, o que se faz necessário é um novo tipo de líder que possa inspirar e motivar as pessoas neste mundo virtual sem perder de vista os princípios imutáveis da liderança.

Pensando nessas características, apresentaremos a você um novo tipo de líder: um líder flexível e adaptável; um servidor, não um escravo, de seus associados; um confiável, obstinado e decidido distribuidor de poder.

A filosofia central deste livro inovador tem como base o pensamento de Dale Carnegie, que se tornou sinônimo de influência e relações humanas. Vejamos o que ele próprio diz:

> Existem dois testes simples que você pode fazer para provar a si mesmo que é muito fácil fazer as pessoas gostarem de você instantaneamente. Teste número um: a partir de amanhã – todos os dias e durante uma semana –, sorria para as primeiras cinco pessoas que encontrar no trabalho. Estou me referindo a um sorriso franco, que pode vir acompanhado de um caloroso bom-dia. Teste número dois: durante uma semana, todos os dias, escolha alguém que nunca significou muito para você e demonstre um interesse verdadeiro por essa pessoa, sempre dirigindo a ela um sorriso e algum comentário amigável. Agora, duas palavras de advertência: seja totalmente sincero. Será perda de tempo se você fingir que está interessado em outras pessoas só para conseguir alguma coisa. Além de errada, essa é uma atitude tola, pois você será descoberto mais cedo ou mais tarde. Faça esses dois testes simples e mantenha um registro dos resultados. E lembre-se: se quiser ser amado na mesma hora, faça como os animais de estimação: passe a se interessar de fato pelas outras pessoas e demonstre isso.

Essas orientações sobre relações humanas fizeram de Dale Carnegie uma figura conhecida há mais de cinquenta anos. Ao longo deste livro você vai conhecer seus famosos princípios de liderança exatamente como ele os escreveu em algumas de suas obras clássicas. Princípios assim jamais vão mudar. O modo como são aplicados é que muda. No passado, uma simples ordem do chefe era suficiente para motivar os funcionários. Nos dias de hoje, os líderes ainda precisam motivar, mas os processos são outros.

Aqui você entenderá que o mundo virtual não precisa ser impessoal. Um líder pode usar ferramentas de alta tecnologia para criar motivação; e a liderança, ao contrário do que se imagina, não é uma habilidade inata. Pode ser aprendida. Contudo, após ter concluído esta leitura, cumprindo as etapas ao final de cada capítulo, você terá desenvolvido o talento mais importante para obter sucesso na nova economia: a capacidade de liderança.

Além disso, você não perguntará mais: "Para onde foram os líderes?" Isso porque já terá compreendido que capacidade de liderança não é um talento exclusivo de CEOs, presidentes, generais, chefes, mães e pais. Ela está disponível para cada um de nós em todos os níveis de organização, seja uma sociedade, uma empresa, um governo ou uma família.

Leia este livro e descubra todo o seu potencial. Torne-se um mestre em liderança.

1

O que fazem os líderes

Mantenha a mente sempre aberta a mudanças.
Dê boas-vindas à mudança. Trate-a com cortesia.

– DALE CARNEGIE

Nos capítulos que se seguem, vamos mergulhar em algo muito ambicioso e extremamente importante. Um empreendimento que trará grandes benefícios a você e a todos os que compartilham de sua vida, tanto pessoal quanto profissional.

Um princípio fundamental do comportamento humano será explorado: o conceito de *liderança*, que constitui a base de empresas de sucesso e até de nações e culturas inteiras. Mais especificamente, vamos nos concentrar no significado de liderança no contexto do sucesso empresarial. Veremos como certos líderes aproveitam ao máximo os períodos de prosperidade e de que forma sobrevivem até mesmo a severas crises econômicas.

Quem são os líderes? Quem são os homens e as mulheres que "fazem as coisas acontecerem" para si mesmos e para as pessoas ao redor? Como superam os obstáculos? Onde descobrem oportunidades? As respostas a essas perguntas são muito importantes para qualquer pessoa que ambicione sucesso financeiro, satisfação pessoal e a sensação de triunfo que surge quando o potencial se transforma em realidade.

No mundo atual, a liderança é respeitada e exaltada, embora sutilmente desvalorizada. Reverenciamos grandes líderes do passado, mas ficamos desconfiados daqueles que hoje ocupam posições de liderança. Talvez isso aconteça porque, com o atual domínio da mídia, sabemos muito sobre eles.

Ninguém imaginava, por exemplo, o que George Washington e Abraham Lincoln faziam diariamente, muito menos a cada minuto do dia. Por mais inacreditável que pareça, Franklin Roosevelt passou três mandatos como presidente sem que a maioria das pessoas soubesse que ele não conseguia mais andar.

O primeiro passo para se captar o real significado de liderança – e, mais importante, para se tornar um líder eficaz – é entender que talvez sua visão atual a respeito desse conceito precise ser reconsiderada, reinventada ou, quem sabe, revivida. Este livro lhe dará as ferramentas para fazer isso. Com elas, você conseguirá dar um grande passo em direção a seus objetivos pessoais e profissionais.

Desse modo, enfatizamos que nosso propósito aqui vai muito além da compreensão teórica da liderança: mostraremos como agem os líderes. Esse conhecimento lhe permitirá colocar os ensinamentos em prática, em sua vida tanto pessoal quanto profissional. É o que chamamos de *maestria da liderança*.

Trata-se de um projeto ambicioso, mas temos ferramentas poderosas para executá-lo de forma bem-sucedida. Simplificando: a base de nossos ensinamentos para que alguém se torne um mestre da liderança são as ideias, os escritos e o exemplo de vida de Dale Carnegie. Conhecido em todo o mundo como uma das vozes mais influentes na história do desenvolvimento pessoal, suas lições são hoje mais relevantes do que nunca.

À luz dessas ideias, analisaremos as questões mais recentes que surgem nos ambientes de trabalho, atualmente em rápida transformação. Conhecendo pessoas e estudando organizações, identificaremos os desafios que todos enfrentam – e que você enfrentará no caminho para o sucesso profissional e a realização pessoal.

A LONGEVIDADE DA LEVI STRAUSS

A Levi Strauss & Co. está no mercado há mais de 160 anos. Ao longo dessas muitas décadas, sofreu vários reveses, como o grande terremoto de São Francisco, em 1906, que destruiu o showroom da empresa e muitas de suas filiais.

Apesar das dificuldades, a Levi's continuou a pagar seus funcionários enquanto construía novas lojas e ofereceu crédito a seus fornecedores atacadistas, cujas instalações também haviam sido destruídas. Liderança ética sempre foi um valor essencial na Levi Strauss, quer o desafio fosse uma catástrofe natural, quer fosse a competição com a Calvin Klein. Segundo uma declaração de propósitos que a empresa divulgou em 1987, os gerentes da Levi's sabem que são avaliados em muitas outras áreas além da financeira.

Até 40% dos bônus gerenciais pagos pela empresa são baseados em liderança ética, relações humanas e comunicação eficaz.

IBM: NEGÓCIOS E CRENÇAS

Mais de vinte anos antes de a Levi Strauss criar sua declaração de propósitos, Thomas J. Watson Jr., então chefe da IBM, escreveu *A Business and Its Beliefs* (Um negócio e suas crenças). Watson sabia que uma de suas responsabilidades mais importantes como líder era deixar claros os valores fundamentais da IBM – e os que ele defendia tornaram a IBM uma das maiores empresas dos Estados Unidos entre as décadas de 1950 e 1970.

Curiosamente, anos antes de escrever esse livro, Watson anteviu os problemas que quase provocaram a queda da IBM no início da revolução tecnológica. Trinta anos antes que alguém ouvisse falar em blogs, sites ou e-mails, ele declarou a um entrevistador: "Me preocupa a possibilidade de que a IBM se torne uma empresa grande e inflexível, incapaz de mudar quando o negócio de computadores ingressar em uma nova etapa." Na verdade, foi exatamente o que ocorreu após sua aposentadoria. A IBM só foi se recuperar totalmente em 1993, quando Louis V. Gerstner Jr., outro mestre em liderança, se tornou presidente e CEO da empresa. Teremos muito mais a dizer sobre Gerstner nos capítulos seguintes.

JOHNSON & JOHNSON: GRANDE, PORÉM PEQUENA

A Levi Strauss e a IBM são grandes corporações. A Johnson & Johnson também é, mas seu ex-CEO Ralph Larsen afirmou o seguinte: "Nós não nos vemos como uma empresa de produtos farmacêuticos no valor de 20 bilhões de dólares; nós nos vemos como 170 pequenas empresas de produtos farmacêuticos." Essa declaração está alinhada a um dos princípios básicos da maestria da liderança. Larsen tinha forte aversão a decisões e diretivas de cima para baixo. "Temos um forte histórico de descentralização", disse ele a um entrevistador. "As pessoas são muito independentes na Johnson & Johnson. Você precisa convencê-las de que sua causa é justa. Caso contrário, não vai acontecer muita coisa."

Larsen poderia ter acrescentado que, quando se comprova que a causa é justa, muitas coisas boas acontecem ano após ano. Praticamente desde seu início, a Johnson & Johnson tem sido uma das empresas mais admiradas dos Estados Unidos, bem como uma das mais lucrativas.

Por meio de lições atemporais de Dale Carnegie e táticas executadas por renomados líderes contemporâneos, estamos prontos para explorar esse assunto de vital importância.

GATES E JOBS

Esses dois nomes sempre estarão associados às inovações tecnológicas que, no fim do século XX, transformaram a vida do mundo inteiro. É difícil acreditar que Bill Gates e Steve Jobs são agora veteranos da era dos computadores, mas é verdade. Desde o início e até hoje, suas contribuições foram muito diferentes umas das outras. Gates reduziu o foco na parte operacional da Microsoft e tem se concentrado em empreendimentos filantrópicos ao redor do mundo. Steve Jobs, por sua vez, sempre se envolvia muito em todos os assuntos da Apple Computer. Na verdade, ele se envolvia tanto que os acionistas ficavam extremamente nervosos a qualquer sinal de que ele pudesse sair de cena, o que aconteceu após sua morte, em outubro de 2011. As reportagens sobre seus problemas de saúde, na época, demonstraram isso.

Mais adiante daremos outras informações sobre esses dois líderes – e também rivais – vigorosos. Resta saber qual dos legados será o mais duradouro. O que os líderes significam para nós muda com o tempo, assim como os próprios líderes mudam.

APLICANDO A SABEDORIA DE JAMES GLEICK

James Gleick, um ensaísta cujos livros apresentaram aos leitores as maravilhas da teoria do caos e das supercordas, publicou a obra *Acelerado – a velocidade da vida moderna*. Nela, Gleick discute a aceleração aparentemente irrefreável de todos os aspectos de nossa vida, desde a introdução do e-mail e do celular ao aumento dos limites de velocidade em rodovias interestaduais. Atualmente temos ferramentas para fazer as coisas de forma rapidíssima e esperamos resultados quase instantâneos. Porém, à medida que avançamos a uma incrível velocidade em nosso novo ambiente, é necessário entender que nossas abordagens, nossas ideias e até nosso vocabulário também precisam de renovação.

A palavra *líder*, por exemplo, não pode mais ter qualquer associação com a palavra *chefe*. Chefes têm subordinados, súditos ou seguidores. Os verdadeiros líderes de hoje em dia não têm seguidores no sentido convencional da palavra. Eles vão um passo além, transformando seguidores em outros líderes. Para eles, esse processo inclui não apenas todos em uma organização, mas literalmente todas as pessoas que encontram. Como fazem isso?

Para começar, além das tradicionais virtudes de liderança, essa postura requer qualidades pessoais, como resiliência, capacidade de tomar decisões, flexibilidade, criatividade e agilidade para lidar com mudanças repentinas. Essas características são absolutamente fundamentais. A imagem do líder como um domador de leões, com uma cadeira e um chicote, ficou definitivamente para trás. O propósito da maestria da liderança não é mostrar como mandar nas pessoas nem como manipulá-las através do medo do fracasso ou de promessas de recompensa. Em vez disso, é necessário oferecer-lhes ferramentas para que busquem fazer o melhor.

Tradicionalmente, disseminou-se a ideia de que algumas pessoas nascem líderes, da mesma forma que alguns lobos ou babuínos assumem naturalmente posições dominantes em seus grupos. Existe uma visão de que certos seres humanos são simplesmente destinados, por sua composição genética, a assumir responsabilidades e apontar o caminho para os outros. É uma forma de ver as coisas.

Outro modo de pensar, porém, propõe que líderes não nascem feitos, são preparados. A liderança está não nos genes, mas na experiência e na prática. Isso quer dizer que qualquer pessoa pode ser líder se receber o treinamento necessário. Uma pessoa pode hoje estar no fim da fila, mas, com a atitude certa, conhecimento, capacidade e experiência, essa mesma pessoa poderá amanhã estar à frente do pelotão.

Qual dessas teorias estará correta? Felizmente não há uma resposta a essa pergunta porque existe uma falha básica em ambas as possibilidades.

Cada uma descreve a liderança como um estágio de desenvolvimento ao qual chegamos por meio ou da hereditariedade ou do treinamento. No entanto, o maior desafio da liderança hoje não é passar do ponto de partida a um estágio de especialização acima de qualquer outra pessoa. Em vez disso, o líder de hoje precisa encontrar um modo de manter a mentalidade do ponto de partida, não importa a distância que já tenha percorrido.

Ser um mestre em liderança significa ver as pessoas, os ambientes e as circunstâncias de forma nova, como se fosse a primeira vez. E estamos, de fato, vendo tudo pela primeira vez, pois, como James Gleick destaca, tudo muda o tempo todo a uma velocidade cada vez maior. Na verdade, esses mestres são tão livres de ideias preconcebidas que questionam até a validade da própria liderança. No passado, grandes líderes eram vistos como indispensáveis para o sucesso de seus grupos. Hoje em dia, percebem que ninguém é indispensável, nem mesmo eles.

Nem sempre foi assim. Muitos séculos atrás, quando Alexandre, o Grande, liderou seu exército em busca da conquista de grande parte do mundo que conhecemos hoje, uma imensa batalha estava para acontecer entre os gregos e as forças do império persa. Os persas haviam reunido um exército enorme, dez vezes maior que o dos gregos. Na noite anterior à batalha, porém, Alexandre reuniu suas tropas e declarou estar absolutamente confiante na própria vitória, independentemente da diferença numérica. E alegou três motivos básicos para o triunfo dos gregos.

O primeiro deles foi que "a Grécia tinha condições ambientais mais hostis que a Pérsia". O segundo foi que, por conta das dificuldades que as pessoas tinham de sobreviver na Grécia – quanto mais de criar uma grande civilização –, os soldados gregos eram muito mais duros que os persas no combate direto. Mas o terceiro motivo para a confiança de Alexandre foi o mais importante, o que realmente inspirou suas tropas a vencer um dos combates militares mais decisivos da história mundial. Segundo ele, "A diferença entre o nosso exército e o dos persas é que eles têm o imperador deles como líder e vocês têm a mim".

Não há dúvida de que essa expressão de total confiança no destino por parte de um líder era uma estratégia eficaz no mundo antigo. Na verdade, pode ter continuado a ser eficaz durante as décadas de 1960 e 1970, embora seus benefícios tenham diminuído com o tempo. Considere o seguinte: quando George Steinbrenner assumiu a presidência do time de beisebol New York Yankees, seu estilo ditatorial de liderança rapidamente se tornou evidente. Eram frequentes as notícias sobre suas rixas com jogadores e treinadores, como Reggie Jackson, Billy Martin e até mesmo Yogi Berra – eleito para o Hall da Fama do beisebol –, demitido abruptamente por Steinbrenner após apenas 16 partidas jogando pelos Yankees.

Naquela época, a equipe de Steinbrenner ganhou vários campeonatos, apesar de sua liderança autoritária. Mas a certa altura, curiosamente, algo pareceu mudar na consciência geral. As pessoas já não respondiam a uma rígida liderança militar, baseada em ameaça e intimidação. No caso do New York Yankees, a sequência de vitórias acabou chegando ao fim. Então, para o próprio bem, Steinbrenner assumiu um novo tipo de relacionamento com seus jogadores e treinadores: deu-lhes mais autonomia em campo e se tornou mais tolerante com os problemas e a vida particular de todos eles. A partir dessas mudanças, o time dos Yankees do final da década de 1990 foi comparado às melhores equipes de beisebol de todos os tempos. Assim, em vez de ser criticado por seu despotismo tirânico, George Steinbrenner passou a ser elogiado por sua liderança esclarecida. A mensagem é clara: hoje em dia, um estilo de liderança altamente personalizado, centrado em apenas um indivíduo e cruamente agressivo quase nunca é eficaz – pelo menos não por um período prolongado. É claro que ainda existem pessoas em posições de liderança que discordam disso. Em todas as áreas, há líderes autoritários que continuam se considerando verdadeiros generais. Contudo, é quase impossível que líderes puramente autoritários obtenham sucesso a longo prazo. As pessoas não vão mais tolerá-los. E, como a sociedade mudou, eles não precisam mais ser assim.

LÍDERES À MODA ANTIGA NÃO TÊM CHANCES DE SOBREVIVER NO MUNDO ATUAL

No auge de seus dias como líder, John D. Rockefeller disse:

O talento para lidar com pessoas é uma mercadoria tão comerciável quanto açúcar ou café, e pagarei mais por esse talento do que por qualquer outro no mundo.

Exatamente a qual tipo de liderança Rockefeller se refere? Acabamos de mencionar que as pessoas não estão mais dispostas a aceitar um líder que imponha um ambiente com muita tensão e estresse elevado. Mas há outro motivo pelo qual os líderes à moda antiga já não conseguem sobreviver nos dias de hoje – e não tem nada a ver com a pressão que exercem sobre seus subordinados. Tem a ver, sim, com a pressão que exercem sobre si mesmos em um mundo em rápida transformação, complexo e até mesmo caótico. Não há nada de positivo em alegar que você sabe todas as respostas; mesmo que consiga levar outras pessoas a acreditarem no que diz, não será possível enganar a si mesmo, e viver uma mentira pode ser muito cansativo.

Lidar com pessoas é provavelmente o maior problema que alguém enfrenta, sobretudo no mundo corporativo. Isso vale para todo mundo, quer você seja uma dona de casa, um arquiteto ou um engenheiro. Pesquisas feitas pela Fundação Carnegie para o Avanço do Ensino revelaram um fato importante e significativo: mesmo em atividades técnicas, como engenharia, apenas cerca de 15% do sucesso financeiro de uma pessoa se deve a seu conhecimento específico. O restante, isto é, 85%, deve-se à sua habilidade em engenharia humana. Em outras palavras, seu sucesso é atribuído à sua personalidade e à sua capacidade de liderar pessoas. O indivíduo dotado de conhecimento técnico e capacidade para expressar ideias, assumir liderança e despertar entusiasmo entre as pessoas é aquele destinado a obter os maiores ganhos. Essa é uma das peças do quebra-cabeça da liderança. Outras qualidades necessárias aos líderes de hoje são:

- *Autoridade legítima.* Líderes podem ser eleitos, nomeados ou espontaneamente reconhecidos pelos membros de um grupo. De um jeito ou de outro, todos os seres humanos estão programados para a liderança. Podemos querer liderar ou ser liderados, mas é preciso reconhecer que há um instinto de autoridade em todos nós.

  Procuramos alguém que tenha visão, que saiba como comunicá-la e que possa torná-la nossa. Muitas vezes, isso ocorre mediante uma linguagem vigorosa, mas a comunicação por meio da ação é ainda mais eficaz. Os líderes sabem reconhecer o momento em que o grupo está pronto para receber uma mensagem e o aproveitam.

Durante a Guerra Civil Americana, quando o Exército da União batia em retirada após outra incursão malsucedida no Sul, os soldados viram seu novo comandante – o general Ulysses S. Grant – se virar de repente e voltar para o território inimigo. Grant não anunciou o que iria fazer. Apenas fez isso, o que foi uma tática mais eloquente e eficaz, e acabou mudando o curso da guerra.

A identidade do líder é algo muito maior que sua identidade como indivíduo. É a personificação da identidade do grupo. É a pessoa que os outros procuram em busca de ideias e orientações – e, quando as recebem, é como se tivessem partido deles mesmos.

A eloquência de um líder costuma ser parte importante desse processo, mas o essencial é sua visão interior. Ele deve ser capaz de comunicá-la com vigor, mediante palavras ou ações. Quando isso acontece, ele conquista o grupo, ganha a autoridade legítima e até os céticos entram na linha.

- *Autoconfiança autêntica.* Os líderes acreditam de fato em si mesmos, o que é essencial para que outros também acreditem neles. Os líderes pensam, sentem e sabem que têm poder para superar desafios e obter resultados positivos.

Muitas vezes, essa autoconfiança é baseada na experiência técnica do líder. Um grande cirurgião, por exemplo, sente-se seguro para orientar estudantes de medicina porque já realizou muitas cirurgias ao longo da carreira. Mas isso nem sempre acontece. Alguns grandes treinadores de futebol jamais jogaram futebol. Uma pessoa pode dar lições a um pianista concertista sem ser capaz de tocar o instrumento em nível profissional. Líderes altamente eficazes podem não ser muito qualificados ou talentosos, mas sabem reconhecer e inspirar aqueles que o são.

Geralmente, os líderes estão familiarizados com todos os aspectos da própria atividade e entendem como as coisas funcionam. Sabem o que acontece desde a linha de frente até o nível executivo. Essa perspectiva ampla, aliada a uma atenção meticulosa aos detalhes, permite que eles reconheçam problemas e oportunidades que outras pessoas não notam.

- *Confiança com flexibilidade.* Líderes fortes precisam estar confiantes quanto a assuntos primordiais e ter convicções, não apenas opiniões, quando há questões de integridade envolvidas. Ao mesmo tempo, não são teimosos. Os líderes têm a capacidade de ouvir, o que é essencial para efetuar mudanças.

  Estratégias de negócios que funcionam bem hoje podem não funcionar amanhã, e um líder deve perceber isso com rapidez. Como a organização precisará se adaptar, o líder deve adquirir novos conhecimentos e explorar novas abordagens antes mesmo que a necessidade surja.

  Um líder não deve perder de vista seu propósito ou o dos que estão sob seu comando; se perder, corre o risco de ficar desatualizado e levar outras pessoas consigo. Ele precisa se antecipar aos acontecimentos, a fim de promover mudanças e conduzir novas estratégias. É necessário, ainda, que esteja alerta a curvas inesperadas na estrada. A mensagem é clara: fique atento à paisagem e saiba que pode ser necessário fazer ajustes.

- *Aceitação dos riscos.* O medo do fracasso faz muitas pessoas evitarem se arriscar. A aversão ao risco, por si só, não é necessariamente ruim, mas, se os benefícios do sucesso superarem as chances de fracasso, o líder precisa ousar. Quando o risco vale a pena, os líderes devem aceitá-lo.

  Após determinar os riscos e os benefícios, os líderes precisam dar o exemplo para o restante do grupo. Assim, caso tenha decidido que vale a pena correr certo risco, você deve superar quaisquer barreiras mentais que possam impedi-lo de se tornar um mentor do grupo. Em grande medida, isso demanda preparação. Quanto mais preparado estiver o líder, menos arriscada será a situação.

- *Determinação.* Líderes não desistem sem lutar. Nem sempre é fácil alcançar o sucesso, mas eles continuam tentando, e tentando de novo, até conseguirem, junto com seus grupos. Ao mesmo tempo, estão cientes de que nem todas as batalhas podem ser vencidas só pela persistência. Algumas pessoas simplesmente não têm habilidade para jogar na Liga Nacional de Basquete. Nem todos vão conseguir ser cantores profissionais de ópera, por mais que pratiquem. Situações restritivas como essas, no entanto, são relativamente poucas. Os líderes sabem que a grande maioria das metas é alcançável quando o desejo é forte o bastante. Assim, agem de acordo.

Como líder, espera-se que você tome decisões difíceis quando os outros se esquivam delas. Quer isso signifique dispensar alguém, quer signifique fazer mudanças drásticas que afetem sua empresa, é você quem deverá seguir em frente. Um líder indeciso muitas vezes não consegue fazer as coisas, e seus liderados tendem a se aproveitar dele. Seja firme quando a situação exigir e mantenha suas decisões.

EM AÇÃO

1. Escreva abaixo os nomes das três primeiras figuras – homens e mulheres – que vêm à sua mente quando você pensa na palavra *líder*, seja na política, nas artes ou nos negócios. Podem ser pessoas tanto do presente quanto do passado.

    A. _____
    B. _____
    C. _____

2. Agora, escreva os atributos de liderança eficaz que você identifica em cada uma das pessoas listadas.

3. Nessa lista de atributos do item 2, coloque um ✓ ao lado dos que você já possui e um X ao lado dos que gostaria de cultivar. Em seguida, crie um plano de ação para desenvolver essas características em si mesmo. Você pode adicionar itens à lista à medida que ler os capítulos seguintes.

2

Comunicação e expectativa

*A comunicação é construída
em relações de confiança.*

– Dale Carnegie

LÍDERES PODEROSOS PODEM INFLUENCIAR milhares ou até milhões de pessoas. Mas quer atinjam apenas um indivíduo ou muitos deles, seu poder para mudar o mundo não pode ser subestimado. Considere Annie Sullivan, a maravilhosa professora de Helen Keller. O foco de sua liderança era apenas uma criança, mas o trabalho que fez beneficiou milhões de pessoas.

A capacidade de liderança não vem automaticamente com o título de gerente, supervisor ou líder de equipe. É um processo de aprendizagem contínuo. Faça perguntas, observe com atenção e sempre reavalie o uso de seus recursos. Utilize sua energia, seu talento e seu bom senso.

A seguir, destacamos algumas atitudes:

- *Concentre-se no quadro geral.* Entenda como o trabalho que sua equipe executa se encaixa na produtividade, na imagem e no sucesso da empresa. Planeje estratégias de longo prazo para seu departamento e as comunique aos superiores e membros da equipe. Estabeleça metas realistas e mensuráveis, tanto individuais quanto de equipe, e comunique suas expectativas no contexto do quadro geral.

- *Seja ambicioso.* Ser ambicioso não significa necessariamente ser cruel e agressivo. Use sua ambição com sabedoria. Você não deve subir a escada corporativa passando por cima de outras pessoas. Saiba aonde quer chegar na carreira aceitando oportunidades e desafios. Prepare sucessores em potencial. Se você for visto como insubstituível na posição que ocupa, jamais será promovido.

- *Conheça a si mesmo.* Reconheça seus pontos fortes e trabalhe seus pontos fracos. Nunca tenha medo de fazer perguntas nem de receber treinamento adicional. Você não precisa saber tudo nem ser o melhor. Se não tiver muita habilidade para lidar com detalhes, procure ter alguém na equipe que se destaque nesse aspecto. Cerque-se de pessoas que melhorem a imagem da empresa, não de puxa-sacos que dizem somente o que acham que você quer ouvir.

- *Seja decisivo.* Prepare-se para o inesperado e nada o surpreenderá. Se já refletiu sobre o que pode dar errado em algum projeto, você será capaz, quando necessário, de tomar decisões seguras em ações corretivas.

- *Controle o estresse.* Se você sente que precisa controlar alguma coisa, faça disso seu limite de estresse. Como diz o ditado: "Nunca deixe que o vejam suar." Se tiver confiança em si mesmo, com certeza vai inspirar outras pessoas a confiarem em você.

- *Aceite críticas.* Demonstre sua autoconfiança aceitando comentários negativos de outras pessoas sem ficar na defensiva, sem ser arrogante ou submisso. Procure extrair algo útil e construtivo de qualquer crítica e agradeça ao outro. Mostre profissionalismo e maturidade.

- *Ouça.* Sempre demonstre interesse em ouvir as opiniões dos outros. Aprenda quais políticas ou problemas impedem sua equipe de trabalhar com eficiência e entusiasmo. Escute com atenção perguntas sobre qualidade de vida e equilíbrio entre trabalho e vida pessoal; em seguida, implemente soluções benéficas para os funcionários.

- *Seja flexível*. Um líder forte nem sempre quer – ou precisa – estar certo. Esteja aberto a opiniões divergentes, ideias novas e iniciativas pioneiras. Se os membros de sua equipe se sentirem à vontade para dar sugestões e se estiverem envolvidos no desenvolvimento e na implementação de algumas delas, eles vão buscar oportunidades para melhorar a empresa.

- *Seja solidário*. Seja paciente e supere frustrações com relação a pessoas menos dedicadas e motivadas que você. Trate seus colegas de trabalho e a equipe sempre com cortesia e respeito e se interesse por eles como indivíduos. Lembre-se: seu modo de interagir com as pessoas afeta a maneira como você é visto como líder.

- *Encoraje as pessoas*. Um líder forte tem capacidade para inspirar e incentivar. Aprenda a ser um mentor. Concentre-se em extrair o melhor das pessoas e em desenvolver seus talentos; incentive-as a ter iniciativa e a confiar no próprio julgamento.

- *Comemore o sucesso*. Seja rápido para elogiar. Um bilhete manuscrito – em papel decente – parabenizando um funcionário e agradecendo a ele por um trabalho bem-feito conquistará sua lealdade. Quando algo der errado, nunca critique o funcionário envolvido na frente dos outros. Faça isso de forma discreta e construtiva, e, a menos que seja um caso de possível demissão, aponte algo positivo também. Se, apesar de longas horas e ideias criativas, a proposta de projeto formulada por sua equipe não sobressaiu, reúna todo mundo e, juntos, decidam o que poderá ser feito de modo diferente na próxima vez. Em seguida, revise o que aprenderam juntos.

- *Apoie sua equipe*. Ser líder não significa que todos o seguirão automaticamente. Você precisa demonstrar que os apoia. Entenda as necessidades deles. Quer isso envolva mais treinamento, ferramentas atualizadas, novas tecnologias ou remanejamento de pessoal, esteja disposto a lutar por eles. Você nem sempre terá sucesso, mas é importante demonstrar que apoia sua equipe.

- *Ajude.* Contribua sempre que puder, mesmo que por apenas alguns minutos. Mostre a seus liderados que você entende os desafios que eles enfrentam no dia a dia, ainda que não tenha experiência em fazer o trabalho de cada um deles. Você será mais capaz de esclarecer melhor as expectativas e fazer avaliações de desempenho mais profundas e detalhadas se tiver conhecimento atualizado das responsabilidades de cada um.

- *Aceite as responsabilidades.* Não busque culpados. Se uma remessa atrasou ou as informações sobre um projeto estavam incorretas, esteja pronto a se responsabilizar pelos erros de sua equipe. Peça desculpas e tome as medidas necessárias para corrigir o problema. No momento, não importa de quem foi a culpa; entenda-se posteriormente com o funcionário responsável pelo erro.

- *Resolva problemas.* Como líder, você vai precisar tomar decisões difíceis e, às vezes, impopulares. Também vai ter que gerenciar conflitos e ajudar as pessoas a aceitar mudanças. A comunicação é de extrema importância. Se estiver comprometido com sua carreira, com seus deveres e com sua equipe, você encontrará formas inovadoras de resolver os problemas.

- *Lidere pelo exemplo.* Mostre sempre sua habilidade de trabalhar bem com outras pessoas, não importa quanto possa divergir de opiniões e abordagens. Seja justo e não tenha favoritos. Guarde comentários negativos e frustrações para si mesmo. Mantenha uma atitude positiva, aconteça o que acontecer.

- *Faça a coisa certa.* Quando estiver diante de uma decisão que vai contra seus valores, fale. Se for solicitado a fazer algo ilegal ou antiético, recuse. Proteja-se e defenda os direitos de seus funcionários ou de seu grupo de trabalho.

- *Seja honesto.* Não faça promessas que não poderá cumprir. Quando cometer um erro, admita e peça desculpas. Hoje em dia há tantas atitudes evasivas e falta de responsabilidade que, se você for honesto, impressionará seus superiores, clientes e funcionários.

- *Evite fofocas.* Não espalhe boatos maliciosos nem repita histórias aparentemente sem importância sobre outras pessoas. Às vezes é preciso força para dizer "Não vou falar sobre alguém que não está aqui", mas isso revela integridade. Demonstrando e inspirando respeito, você também evitará que alguém fale mal de você.

- *Faça o seu melhor.* Parece simples, não? Guarde confidências, respeite os outros e seja coerente. Utilize seus melhores talentos em qualquer projeto. Assim, você ganhará admiração e respeito por seu comprometimento e sua integridade.

- *Faça críticas construtivas.* A liderança eficaz, sobretudo ao lidar com a dignidade e o orgulho de outra pessoa, requer sutileza, empatia e tato. Os princípios que norteiam um líder notável são sempre os mesmos, quer sejam praticados por um líder mundial famoso ou por um professor prolífico e inspirador. Comece com elogios e apreciação sincera. Não ignore os erros das pessoas, mas encontre um modo de tratar do assunto com delicadeza. Fale sobre os próprios erros antes de criticar outra pessoa. Faça perguntas em vez de dar ordens diretas.

    Dê à outra pessoa uma chance de melhorar. Elogie qualquer esforço em busca de aperfeiçoamento. Seja sincero na aprovação e generoso nos elogios. Ofereça ao liderado uma boa reputação pela qual lutar. Encoraje-o. Faça uma falha parecer fácil de ser corrigida. Inspire o outro a se sentir feliz em fazer as coisas que você sugere.

    Quando feito de forma correta, um direcionamento pessoal ou profissional positivo é algo inestimável.

O PODER DA BOA COMUNICAÇÃO

Para que alguém seja considerado um mestre da liderança, é necessária uma combinação de muitas habilidades. No entanto, existe uma em especial que os líderes precisam exercitar e dominar: a comunicação. Antes de prosseguirmos com este trabalho, é fundamental examinarmos de perto o que está envolvido em uma comunicação, o que é ou não é eficaz.

A comunicação sempre assumiu muitas formas, e novos e importantes meios de comunicação têm surgido nos últimos tempos. Portanto, quando nos referimos a comunicação, não nos limitamos à fala; estamos abarcando tanto formas tradicionais de troca de mensagens quanto ferramentas mais atuais como smartphones, videoconferências, etc. Mas, mesmo enquanto surgem novos caminhos para a comunicação, certas verdades básicas se confirmam repetidas vezes. Muitos desses princípios foram identificados e explicados pelo próprio Dale Carnegie, que era especialmente perspicaz na área da comunicação aplicada à liderança.

Carnegie descobriu, por exemplo, que líderes eficazes abrem muitas conversas desafiadoras com elogios sinceros. Preste atenção especial nas palavras *elogios sinceros*. Um gerente que chama alguém em seu escritório, diz rigidamente algumas palavras de elogio e, em seguida, vomita sua raiva ou sua recriminação não conseguirá muita coisa. Se você for um líder prestes a iniciar uma conversa difícil, pense um pouco no que pode dizer de forma honesta à outra pessoa, a fim de transmitir respeito e admiração. Não precisa ser nada diretamente relacionado ao tópico em pauta. Por exemplo, se um gerente vai conversar com um funcionário sobre cumprimento de prazos ou metas trimestrais, a conversa pode começar com um elogio a um comentário perspicaz que o funcionário tenha feito em uma reunião recente. O conteúdo da mensagem positiva é pouco importante comparado ao fato de ela ser genuína ou não.

Dale Carnegie também percebeu que um líder às vezes precisa fazer críticas construtivas e que, nesses casos, é melhor chamar atenção para os erros de forma indireta. Às vezes, a melhor forma de fazer isso é mencionar um erro seu. Isso porque, se você afirmar sem rodeios que alguém fez algo errado e é melhor não fazer de novo, essa pessoa vai ficar mais reativa ao seu tom ameaçador do que ao conteúdo do que você disse. Se, no entanto, você demonstrar identificação com a pessoa a quem está se dirigindo, afirmando que também já falhou em uma situação semelhante, o nível de resistência à mensagem que deseja transmitir será bem menor.

Ao permitir que as pessoas se retratem e preservem a dignidade, um líder pode afastar sentimentos negativos que gerem discórdia e mau desempenho.

COMO E ONDE ELOGIAR

Se por um lado um líder deve ser muito cuidadoso ao fazer críticas, por outro é aconselhável que faça elogios a qualquer hora e em quase todo lugar. Na verdade, toda vez que houver melhorias, ainda que pequenas, na atitude ou no desempenho de um funcionário, deve-se fazer uma observação pontual e positiva. Esse é um dos insights mais valiosos de Dale Carnegie. Se queremos encorajar pessoas a desempenhar atividades complexas (e muitos trabalhos são complicados e desgastantes), não devemos esperar até que uma tarefa esteja concluída para oferecer elogios e encorajamento.

Um elogio pode trazer benefícios significativos, mesmo antes que apareçam sinais tangíveis de melhoria. Como Dale Carnegie escreveu: "Proporcionar a um indivíduo uma reputação que lhe interesse manter pode ser o melhor modo de fazê-lo render o máximo." Não raro, quando alguém alcança uma posição de liderança, surge a tentação de desvalorizar as qualidades dos demais. Afinal, se você é o líder, deve ser porque tem qualidades superiores e talvez únicas, certo? Essa linha de pensamento, entretanto, pode levá-lo a subestimar as realizações de seus subordinados.

UM BOM LÍDER É AQUELE QUE DELEGA

Alguns líderes esperam muito tempo antes de delegar poderes. Essa atitude não só reduz a eficiência das organizações como também suprime oportunidades de crescimento das pessoas que estão prontas a dar uma contribuição mais relevante. Um dos paradoxos das organizações é a sua forma de se relacionar com a estabilidade e com as mudanças. Todos os sistemas complexos buscam naturalmente o equilíbrio. Tomemos como exemplo o efeito da temperatura em nosso corpo: se estiver em torno de 39°C, as pessoas tendem a suar e, na tentativa de equilibrar os efeitos da alta temperatura, o corpo resfria a superfície da pele. Do mesmo modo, as organizações que se encontram sob estresse tendem a se tornar conservadoras e defensivas em suas respostas, como se a melhor forma de lidar com as mudanças externas fosse minimizá-las internamente. Impulsos nessa direção induzem os líderes a centralizarem o poder ou se apegarem a ele por muito tempo. Para superar essa mentalidade limitadora, é importante perceber que a busca do equilíbrio só é natural até que o equilíbrio seja alcançado. Depois, a natureza começa a se mover em outra direção, rumo à inovação e à mudança.

É comum que empresas e pessoas consigam alcançar uma posição de liderança como resultado de sua criatividade e originalidade. Muitas vezes, porém, elas parecem abandonar as mesmas qualidades que as levaram ao topo. Então começam a pensar e agir de maneira defensiva. Quando isso acontece, já não se trata mais de questionar se perderão a posição conquistada. É apenas uma questão de tempo.

Resumindo a abordagem do mestre em liderança para a comunicação, precisamos enfatizar a importância de colocar tudo, até mesmo a crítica, dentro de uma estrutura proativa e positiva: uma estrutura que admita a universal necessidade humana de reconhecimento e apreço. É importante que o líder entenda que o sucesso é uma jornada, não um destino. Requer inovação contínua e pensamento criativo. O que é especialmente verdadeiro quando você já alcançou uma posição de destaque e está inclinado a se tornar conservador e defensivo.

ADOTANDO NOVAS IDEIAS

Akio Morita transformou a Sony em uma das empresas mais lucrativas e inovadoras do mundo. A respeito da possível tendência de um líder ao conservadorismo, Morita disse: "Se você passar a vida convencido de que seu caminho é sempre o melhor, todas as novas ideias do mundo o deixarão para trás." Sob a liderança de Morita, poucas ideias novas deixaram a Sony para trás. A empresa lançou o primeiro rádio transistorizado comercial do Japão, o disquete de 3,5 polegadas e o Walkman. Este último foi concebido em 1978, quando lhe ocorreu que poderia ouvir ópera em longas viagens de avião. Após dar início a uma revolução nos entretenimentos portáteis, o Walkman acabou substituído pelos MP3 e iPods. Exemplo notável do resultado de uma liderança criativa, o Walkman foi desenvolvido com um mínimo de pesquisas e testes de mercado. "Não acredito que qualquer pesquisa pudesse ter previsto esse sucesso", declarou Morita em uma entrevista. "O público nem sempre sabe o que é possível fazer."

Na Grécia Antiga, Sócrates costumava dizer aos seus seguidores: "Só sei que nada sei." Como não seria sensato pensar que somos mais inteligentes que o filósofo ateniense, devemos seguir o exemplo dele e parar de dizer às pessoas que elas estão erradas. No final, compensa. Então, quando alguém faz uma afirmação com a qual você não concorda, é melhor dizer: "Veja bem, eu penso de outra forma, mas posso estar enganado. Frequentemente estou. Assim, me corrija se eu estiver errado. Vamos examinar os fatos." Existe uma magia positiva em frases como "Posso estar enganado, frequentemente estou" e "Vamos examinar os fatos".

É comum que as pessoas ingressem em uma carreira bem diferente daquela com a qual sonhavam. E, apesar de se sentirem deslocadas no emprego, continuam nele por não vislumbrarem uma alternativa. Isso até que alguém lhes ofereça uma chance de usar seus talentos como realmente gostariam. Às vezes um mestre em liderança lhes oferece uma oportunidade; outras, elas precisam descobrir por si mesmas.

Dale Carnegie pertence a essa segunda categoria. Após ter se formado professor numa faculdade estadual no Missouri, um dia viu-se vendendo caminhões na cidade de Nova York. Se, num primeiro momento, isso parece improvável, basta lembrar de quanto é comum que um aspirante a romancista se torne advogado corporativo ou que um cozinheiro gourmet trabalhe como contador. O fato é que, a certa altura, Carnegie se deu conta de que estava levando uma vida completamente diferente da que havia imaginado para si. Mas, ao contrário de muitas pessoas que se veem diante de uma constatação perturbadora, ele decidiu fazer algo a respeito.

O primeiro passo que deu foi largar o emprego. Isso exigiu coragem, mas era algo que há muito tempo desejava fazer. A etapa seguinte foi um pouco mais complicada. Ele sabia que não queria vender caminhões e, levando em conta sua formação em educação, percebeu que o que realmente desejava fazer era escrever. Enquanto analisava suas aspirações, um plano começou a se desenhar em sua mente: talvez pudesse se tornar professor de adultos no turno da noite, assim teria os dias livres para escrever contos e romances. A ideia era boa, mas não tão simples quanto parecia.

Carnegie então buscou emprego nas mais prestigiosas instituições de ensino superior de Manhattan, incluindo a Universidade Columbia e a Universidade de Nova York. As duas instituições, como ele mais tarde relatou, "decidiram que poderiam viver sem mim". Por fim, a escola noturna da ACM (Associação Cristã de Moços) ofereceu-lhe uma vaga de professor em seu curso de vendas e oratória para adultos.

MOTIVAÇÃO

Todos desejamos ardentemente conseguir valorização e reconhecimento, e fazemos de tudo para consegui-los. Entretanto, ninguém quer falta de sinceridade, tampouco bajulação. Esses princípios funcionam apenas quando vêm do coração. Não estamos falando de artimanhas, mas de um novo modo de ser. Estamos falando sobre mudar pessoas. Se conseguir inspirar alguém a perceber os tesouros ocultos que ele possui, você vai fazer muito mais que mudá-lo. Vai literalmente transformá-lo. Parece exagero? Então veja estas sábias palavras de William James, um dos mais ilustres psicólogos e filósofos que os Estados Unidos já produziram: "Em comparação com o que deveríamos ser, estamos apenas meio acordados. Utilizamos somente uma pequena parte de nossos recursos físicos e mentais. Ou seja, os indivíduos vivem confinados em seus limites. Possuem poderes de vários tipos, mas geralmente deixam de usá-los."

Sim, você que está lendo estas linhas possui poderes de vários tipos que geralmente deixa de usar. Um desses poderes que talvez não esteja usando como deveria é sua mágica habilidade de elogiar as pessoas e inspirá-las com a compreensão de suas possibilidades latentes. As habilidades murcham com críticas e florescem com encorajamento.

EM AÇÃO

1. Listados abaixo estão os nove princípios da liderança eficaz. Coloque um ✓ ao lado dos que acha que domina e um X ao lado dos que gostaria de desenvolver mais. Em seguida, trace um plano de ação para integrá-los às suas comunicações de liderança.

    - Princípio Um: Comece com elogios e valorização sincera.

    - Princípio Dois: Quando chamar atenção para os erros das pessoas, faça isso de forma indireta.

- Princípio Três: Fale sobre os próprios erros antes de criticar o outro.

- Princípio Quatro: Faça perguntas em vez de dar ordens diretas.

- Princípio Cinco: Deixe a outra pessoa corrigir os próprios erros.

- Princípio Seis: Elogie cada melhoria, por menor que seja. Procure ser sincero na aprovação e generoso nos elogios.

- Princípio Sete: Dê à outra pessoa uma boa reputação pela qual lutar.

- Princípio Oito: Incentive o outro. Faça o erro parecer fácil de corrigir.

- Princípio Nove: Faça com que a outra pessoa fique feliz fazendo o que você sugere.

2. Os primeiros passos de Dale Carnegie são intrigantes. Ele observou que ser vendedor de caminhões não o motivava nem realizava seus desejos. Decidiu, então, concentrar-se em sua paixão e agir para realizá-la. Até que ponto você se sente realizado com o trabalho que faz?

3. Você está usando suas habilidades "mágicas" para elogiar as pessoas e inspirá-las com a conscientização de suas possibilidades latentes? Escreva três coisas "mágicas" que você pode fazer para inspirar ainda mais as pessoas ao seu redor.

3

Motivação que fortalece

*O verdadeiro entusiasmo se divide em duas
partes: avidez e autoconfiança.*

– Dale Carnegie

Nos capítulos anteriores, descrevemos a comunicação como o elemento primordial na maestria da liderança. Neste capítulo, examinaremos mais de perto as metas que uma boa comunicação precisa alcançar. Em um nível mais simples existe, é claro, a troca direta de informações. Todos os líderes devem oferecer ferramentas práticas para que o objetivo seja atingido. Precisam dizer o que necessita ser feito, quando e de que maneira. É surpreendente como até mesmo isso parece ser difícil para muitas pessoas. Abaixo da superfície ou nas entrelinhas da comunicação de liderança verdadeiramente magistral, entretanto, há um propósito mais profundo: a motivação.

MOTIVADOR × ORADOR

Anos atrás, uma empresa conceituada organizou um retiro para executivos de alto escalão. No primeiro dia do encontro, foram realizadas duas breves palestras, a primeira com o CEO da empresa e a segunda com o diretor de operações. No intervalo seguinte à fala do CEO, instalou-se na plateia um clima geral de admiração, tanto pelo que ele dissera quanto pela forma como o fez. Foi sem dúvida uma palestra eloquente e informativa. Chegou, então, a vez de o diretor de operações falar. Quando ele terminou, houve outro intervalo. Dessa vez, no entanto, ninguém se referiu à eloquência do palestrante nem ao volume de informações. Em vez disso, quase todos ficaram dizendo uns aos outros: "Vamos embora. Temos que trabalhar."

A diferença entre as duas palestras foi a oratória/retórica (a arte de falar bem em público) e a motivação autêntica. A resposta a um bom discurso público é "Que belo discurso", enquanto a resposta a um discurso motivacional eficiente é: "Vamos trabalhar." A segunda resposta é, evidentemente, a que os mestres em liderança precisam alcançar nos seus discursos e em tudo o mais que realizam.

Louis B. Mayer, chefe da MGM Pictures durante os anos dourados de Hollywood, costumava aparecer de surpresa nos sets dos filmes em produção. Certa ocasião, Mayer entrou em um set de filmagem e encontrou o diretor, o cinegrafista e os atores parados, parecendo preocupados. "O que está acontecendo?" perguntou. O diretor disse: "Senhor, estamos tendo dificuldades para filmar esta cena. Não sabemos bem o que fazer." Mayer ficou vermelho de raiva e trovejou: "Bem, faça qualquer coisa! Se você fizer uma coisa certa, nós a usaremos, e, se fizer uma coisa errada, vamos consertar. Mas faça alguma coisa, e faça agora!" O que ele quis dizer foi: motive-se. E entrar em ação é, simplesmente, o primeiro passo. Mas os mestres em liderança sabem que há mais do que isso. A ação pode não dar em nada, a menos que seja acompanhada por outros elementos muito importantes.

ENVOLVENDO O CORPO, O CORAÇÃO E A MENTE

Vamos ser bem claros a respeito da verdadeira motivação: ela requer ação somada à emoção e à inteligência. Em outras palavras, a motivação deve envolver corpo, coração e mente. Na ausência destes dois últimos componentes fundamentais, a ação pode ser energia desperdiçada ou mesmo autodestrutiva. Os mestres em liderança que sabem usar os três elementos são capazes de nos envolver em todos os níveis de nossa vida.

Em termos puramente técnicos, a motivação pode se expressar em três formas básicas: negativa; positiva para motivar outros; e única, altamente individualizada, para que você motive a si mesmo.

É importante que um mestre em liderança entenda ao menos essas duas primeiras categorias. Vamos então examiná-las a seguir.

As armadilhas da motivação negativa

Embora todas as formas de motivação tenham seu lugar, a motivação negativa é a mais limitada, o que não deixa de ser surpreendente, pois é a abordagem em que muitos líderes costumam confiar – extremamente e, às vezes, até exclusivamente. E com isso cometem um grande erro. Uma crítica ou uma ameaça de punição podem até parecer eficazes. A possibilidade de demitir ou rebaixar uma pessoa pode levá-la a se empenhar mais, porém pesquisas têm demonstrado que motivações negativas têm sérias limitações, sobretudo a longo prazo.

Falar aos gritos já foi muitas vezes considerado um sinal de firmeza. A teimosia era interpretada como conhecimento superior e a disposição para argumentar era sinal de honestidade. Todos devemos ser gratos por esses dias estarem chegando ao fim. Como líder, você deve colaborar para que não voltem.

Um corretor de seguros do Meio-Oeste, que chamaremos de Fred, é um excelente exemplo dos problemas da antiquada motivação negativa. O cargo oficial de Fred é de gerente regional de vendas, mas, pelas costas, ele é conhecido como o chefe do alarme falso. Quatro vezes por ano, como um relógio, Fred olha os números de vendas trimestrais e ameaça demitir todo mundo. Furioso, fica vermelho de raiva e bate com o punho na mesa. Infelizmente para ele, os funcionários hoje tratam suas tiradas como puro teatro. Chegam até a classificar suas explosões segundo uma escala numérica. Ao longo dos anos, vários agentes foram se cansando do drama e abandonaram o barco, o que custou à empresa alguns bons colaboradores. É importante observar que, se o estilo negativo de Fred foi eficaz algum dia, essa época já passou.

Esse é o problema geral com as técnicas motivacionais negativas. Se o líder insistir nelas, acabará criando inimizades e destruindo a motivação da equipe; mas, se desistir delas, as pessoas logo se tornarão indiferentes.

Dale Carnegie abordou essa questão de modo muito claro. Ele acreditava que só há uma forma de induzir alguém a fazer algo: levando a pessoa a querer fazê-lo. Evidentemente, referia-se à suprema importância da motivação positiva. Para ilustrar, acrescentou que você pode fazer alguém lhe dar seu relógio encostando um revólver em você e que, da mesma maneira, é possível fazer seus funcionários cooperarem – pelo menos por algum tempo – ameaçando demiti-los. Sua conclusão foi que esses métodos rudes têm repercussões extremamente indesejáveis.

DICAS PARA O DESENVOLVIMENTO DA LIDERANÇA

Em liderança, o comportamento vem em primeiro lugar e o talento, em segundo. As pessoas respondem aos líderes que lhes inspiram confiança e respeito, e não às habilidades que possuem. Nesse sentido, liderança é diferente de gestão, que depende mais de planejamento, organização e capacidade de comunicação. A liderança também inclui a capacidade de gerenciamento, mas em sua base estão dotes como integridade, honestidade, humildade, coragem, compromisso, sinceridade, paixão, confiança, sabedoria, determinação, compaixão, sensibilidade e carisma.

Há diversos estilos de liderança. O estilo pessoal de um líder pode ser adequado em certas situações e inadequado em outras. Por isso, alguns líderes que são capazes de se adaptar adotam diferentes estilos diante de uma variedade de desafios.

Alguém inexperiente em uma função de liderança pode sentir-se pressionado a liderar de modo particularmente dominante. Entretanto, esse tipo de liderança raramente é apropriado, sobretudo em organizações bem estabelecidas. E uma leitura errada da situação é capaz de trazer problemas a um novo líder: os liderados podem resistir, e pode ter início um ciclo de descontentamento e fraco desempenho.

É preciso ter em mente que muitos aspectos da liderança são paradoxais. Isso porque o ato de liderar frequentemente tem mais a ver com servir do que com liderar. Logo, as equipes respondem melhor a reconhecimento, gratidão, encorajamento e inclusão. Líderes durões e dominantes oferecem às pessoas pretextos para resistir, além de bloquear qualquer noção de participação e empoderamento entre os liderados. Sim, os líderes precisam tomar decisões difíceis, mas no dia a dia devem permitir que a equipe prospere e cresça – um papel de servidor, na verdade, o que difere do estilo dominante geralmente associado a um líder.

A liderança ética é hoje mais importante do que nunca, e por motivos muito práticos: o mundo está mais transparente e conectado, e as ações e as filosofias das empresas estão sendo esquadrinhadas como jamais o foram. Ao mesmo tempo, a responsabilidade corporativa desperta agora um interesse bem maior – seja em finanças, diversidade ou questões ambientais. Um líder moderno precisa entender de todas essas áreas.

A FILOSOFIA DA LIDERANÇA

A filosofia de um líder constitui-se do conjunto de propósitos e princípios fundamentais com os quais se identifica. É a base para a estratégia, o gerenciamento, as atividades operacionais e praticamente tudo o que acontece em uma organização. Independentemente do tamanho da empresa, qualquer coisa que ocorra sob a direção de um líder precisa ser condizente com uma filosofia claramente definida.

Executivos, gerentes, funcionários, clientes – todos precisam de sólidos princípios filosóficos em que possam alicerçar suas expectativas, decisões e ações. Em uma organização complexa, a liderança será um grande desafio – na melhor das hipóteses –, em função de seu tamanho e sua diversidade, entre outros aspectos. Uma filosofia conflituosa aumenta essas dificuldades para todos e certamente para o líder, pois o quadro de referência torna-se confuso.

Para que a liderança funcione bem, os membros da equipe devem atrelar suas expectativas, seus objetivos e suas atividades ao propósito básico, ou filosofia, da empresa. Essa filosofia pode fornecer pontos de referência e base para as decisões e ações dos funcionários – fator cada vez mais significativo nas "empoderadas" organizações modernas. Perceber uma filosofia e um propósito de forma clara é também essencial para funcionários, clientes e mesmo pessoas de fora para que estes avaliem características organizacionais importantes, como integridade, ética, justiça, qualidade e desempenho. Uma filosofia transparente é vital para o contrato psicológico – quase nunca declarado – mediante o qual funcionários, gerentes e clientes tomam decisões e iniciam ações.

Muitas organizações, grandes ou pequenas, têm objetivos fundamentais conflitantes e confusos. E, conforme dito anteriormente, como a filosofia e o propósito constituem a base da liderança, se a fundação não for sólida, tudo o que foi construído sobre ela tende a oscilar e pode acabar desabando.

A responsabilidade de um líder vai além do ato de liderar. A verdadeira liderança inclui a responsabilidade de proteger e refinar o propósito e a filosofia fundamentais da organização. Se a filosofia estiver em harmonia com as ações, as fundações serão fortes.

Diferentes líderes têm ideias diferentes sobre liderança. Mas, quando se estuda a trajetória de líderes empresariais e organizacionais contemporâneos, notam-se certos pontos em comum. Eis alguns desses princípios-chave de liderança:

- Quando os líderes dizem que as pessoas não estão conseguindo acompanhá-los, são eles que estão perdidos, não os liderados.

- Os líderes se perdem por causa de isolamento, arrogância ou mau julgamento. Mas, acima de tudo, isso acontece porque se preocupam em impor sua autoridade em vez de liderar de verdade.

- Liderar é ajudar as pessoas a alcançarem uma visão compartilhada, e não dizer a elas o que fazer.

- A lealdade ao líder depende da compreensão dele das necessidades, dos desejos e das possibilidades das pessoas. As soluções para os desafios da liderança não estão nas necessidades e nos desejos do líder, mas nas necessidades e nos desejos de seus liderados.

- Ninguém consegue lealdade simplesmente pedindo ou forçando as pessoas a serem leais.

- Antes de esperar que alguém o siga, um líder precisa demonstrar objetivos e valores dignos de serem seguidos.

- Qualquer tipo específico de liderança atrai inevitavelmente o mesmo tipo de seguidores. Ou seja, para que as pessoas adotem e sigam os princípios modernos de compaixão, honestidade, ética, paz e justiça, elas devem ver essas qualidades em sua liderança.

- As pessoas são muito mais perceptivas e têm uma noção de verdade muito mais aguçada do que a maioria dos líderes pensa. E perdem rapidamente a fé em um líder que ignora esses dois fatos.

- As pessoas frequentemente têm respostas que escapam a seus líderes. Portanto, eles devem lhes solicitar ideias, opiniões e sugestões a fim de ganhar adesões e cultivar lealdade.

- Um líder que comete erros deve confessá-los e admiti-los. As pessoas geralmente perdoam os erros, mas não gostam de líderes que não se mostram dispostos a assumir responsabilidade por suas ações.

- Um líder deve ser corajoso o bastante para negociar quando pessoas menos éticas quiserem lutar. Qualquer um pode recorrer a ameaças e agressões, mas ser agressivo não é liderar.

A motivação positiva e a necessidade de sentir-se importante

Mas o que as pessoas realmente querem? Não muitas coisas, segundo Dale Carnegie, que enumerou algumas: preservação da vida, saúde, comida, abrigo, algum dinheiro, coisas que o dinheiro compra, o bem-estar dos filhos e a sensação de ter importância. Segundo Carnegie, todos esses desejos são relativamente fáceis de satisfazer, exceto o último, que é quase tão profundo e insistente quanto o desejo por comida e água. John Dewey o chamou de "desejo de ser importante". Freud foi mais longe e o chamou de "desejo de ser grande".

Nesse sentido, motivação positiva significa proporcionar às pessoas uma verdadeira sensação de propósito, um sentimento de que estão trabalhando rumo a uma meta valiosa, alcançável e mutuamente importante. Não há nada de novo nesse conceito. Os mestres em liderança sempre o entenderam.

Durante seu primeiro mandato como presidente, Dwight Eisenhower foi questionado sobre seu segredo para lidar com um Congresso relutante e indisciplinado. Teria ele mencionado a disciplina militar ou o poder avassalador da presidência? Muito pelo contrário. Eisenhower falou sobre motivação positiva. "Você não lidera pessoas batendo na cabeça delas", declarou. "Isso é agressão, não liderança. Eu prefiro convencer um homem a concordar comigo, pois, uma vez que fez essa escolha, ele vai permanecer comigo. Se eu o amedrontar, ele ficará apenas enquanto estiver com medo e depois irá embora."

Uma teoria das necessidades motivacionais

O professor David McClelland (1917–1998), da Universidade Harvard, foi o pioneiro da aplicação do pensamento motivacional nos locais de trabalho. Em seu livro de 1961, *The Achieving Society* (A sociedade realizadora), McClelland descreveu três tipos de necessidade motivacional: necessidade de realização, necessidade de autoridade e poder e necessidade de relações sociais.

Essas necessidades são encontradas, em graus variáveis, entre todos os trabalhadores e gerentes. A combinação dessas necessidades motivacionais, segundo McClelland, define o estilo e o comportamento de cada indivíduo, tanto em termos da própria motivação quanto na administração e na motivação de outros.

- *A necessidade de realização.* A pessoa voltada para a realização é motivada por resultados. Portanto, busca o cumprimento de metas realistas, mas desafiadoras, e avanços no trabalho. Tem uma grande necessidade de feedbacks sobre realizações e progressos, assim como de um sentimento de realização.

- *A necessidade de autoridade e poder.* A pessoa tem necessidade de ser influente, eficaz e impactante. Gosta de liderar e de que suas ideias prevaleçam. Também é motivada pela necessidade de aumentar o status e o prestígio pessoal.

- *A necessidade de relações sociais.* A pessoa motivada por relações sociais precisa de amigos, gosta de interagir com os outros e gera motivação. Além disso, sente necessidade de desfrutar da estima geral. São jogadoras de equipe.

Segundo McClelland, a maioria dos indivíduos apresenta uma combinação dessas características. Alguns têm uma necessidade motivacional específica, que afeta seu comportamento e seu estilo de trabalho/gerenciamento.

Ele sugeriu, por exemplo, que um gerente fortemente motivado por relações sociais tem sua objetividade minada, uma vez que a necessidade de ser amado afeta a própria capacidade de decisão. Já uma forte motivação para a autoridade produzirá outro tipo de ética de trabalho e comprometimento com a organização. Embora indivíduos com essa motivação sejam atraídos por funções de liderança, podem não ter a flexibilidade necessária para lidar com pessoas. Por fim, McClelland argumenta que pessoas com forte necessidade de realização são os melhores líderes, embora possam exigir muito de sua equipe por acreditarem que todos têm o mesmo foco em *grandes* realizações e são também motivados por resultados – o que, claro, a maioria não é.

Particularmente, McClelland era fascinado pela necessidade de realizações. Um experimento de laboratório bem conhecido ilustra um aspecto de sua teoria sobre o efeito da realização na motivação das pessoas. A partir desse experimento, ele sugeriu que, embora a maioria das pessoas não possua uma forte motivação baseada em realizações, aquelas que a têm apresentam um comportamento consistente no estabelecimento de metas.

Voluntários receberam a incumbência de arremessar argolas sobre pinos. Nenhuma distância foi estipulada; assim, a maioria das pessoas jogava de distâncias aleatórias, às vezes de perto, às vezes de longe. No entanto, um pequeno grupo de voluntários, que McClelland considerou serem fortemente motivados por realizações, teve o cuidado de medir e testar distâncias para produzir um desafio ideal: não muito fácil e não impossível. Em biologia existe um conceito semelhante, conhecido como princípio da sobrecarga, geralmente aplicado a exercícios de condicionamento físico. Resumindo: para desenvolver aptidão e/ou força, o exercício deve ser suficientemente rigoroso para elevar os níveis existentes, mas não tão rigoroso a ponto de causar distensões e outros danos. Na abordagem de pessoas motivadas por realizações, McClelland identificou a mesma necessidade de desafios equilibrados.

Por meio desse experimento, ele separou pessoas motivadas por realizações de jogadores e aventureiros e dissipou o preconceito comum de que pessoas motivadas por realizações gostam de arriscar. Na verdade, demonstrou que esses indivíduos definem metas que possam alcançar por meio de seu esforço e sua habilidade. Essa mentalidade determinada e voltada para resultados está quase sempre presente na composição do caráter de empresários de sucesso.

McClelland indicou outras características e atitudes de pessoas motivadas por realizações:

- A realização em si é mais importante do que a recompensa material ou financeira.

- Alcançar o objetivo proporciona maior satisfação pessoal do que receber elogios ou reconhecimento.

- A recompensa financeira é considerada uma medida de sucesso, não um fim em si mesma.

- A segurança não é o principal motivador, nem o status.

- O feedback é essencial porque permite medir o sucesso, mas não por gerar elogios ou reconhecimento – a implicação aqui é que o feedback seja confiável, quantificável e factual.

- Pessoas motivadas por realizações buscam constantemente melhorias e uma maneira melhor de fazer as coisas.

- Pessoas motivadas por realizações preferem empregos e responsabilidades que satisfaçam naturalmente suas necessidades, ou seja, que ofereçam flexibilidade e oportunidades para definir e atingir metas; por exemplo, vendas, gestão de negócios ou atividades empresariais.

McClelland acreditava firmemente que indivíduos motivados por realizações são geralmente os que obtêm melhores resultados e fazem as coisas acontecerem. Isso se estende à obtenção de resultados mediante a gestão de pessoas e recursos. No entanto, como dito antes, muitas vezes eles exigem demais da equipe, pois priorizam atingir as metas acima dos interesses e das necessidades das pessoas.

TRÊS CONCEITOS DO COMPORTAMENTO HUMANO

Uma vez que um líder entende a importância fundamental da motivação positiva, torna-se relativamente fácil criar aplicações específicas desse princípio. Contudo, três conceitos importantes do comportamento humano devem ser incluídos nelas. Em primeiro lugar, todos os integrantes da equipe devem estar cientes de todas as fases do empreendimento. O trabalho em equipe é o principal, não a hierarquia ou a cadeia de comando. Em segundo, as ideias e sugestões das pessoas precisam ser reconhecidas e tratadas com respeito. Em terceiro, desempenhos acima da média devem ser esperados, reconhecidos, encorajados e recompensados. E as recompensas devem chegar logo, não no fim do ano ou na festa da aposentadoria. Um bilhete ou um telefonema do líder muitas vezes significa tanto para um profissional de alto rendimento quanto um bônus em dinheiro, embora o bilhete e o dinheiro juntos certamente sejam mais efetivos. De qualquer forma, o objetivo é criar um reforço positivo e um sentimento de inclusão.

Grandes empresas organizadas tradicionalmente conviveram durante muitos anos com um sentimento básico de desconexão. Seus funcionários sentiam-se como um entre milhares, meras engrenagens humanas em uma gigantesca máquina impessoal. Logo, não é de surpreender que estivessem sempre dispostos a faltar após o primeiro espirro ou a passar mais tempo em outras dependências do prédio que em suas mesas. Se ainda hoje há funcionários que se comportam assim, a conclusão é óbvia: a empresa é mal administrada. Seus objetivos não se tornaram os objetivos dos funcionários. E nenhuma empresa consegue obter sucesso em um contexto desses.

TRABALHO EM EQUIPE É FUNDAMENTAL

Atualmente, os especialistas em liderança envolvem sua equipe em todos os aspectos do negócio. Já não basta apenas emitir ordens. Líderes eficazes sabem que seus funcionários são capazes de tomar decisões importantes por conta própria e que capacitá-los para isso é um método indispensável de motivação positiva.

Como explicou um executivo de uma editora de médio porte: "Se eu disser aos funcionários como melhorar, eles podem ou não levar isso a sério. Se eu não usar as palavras certas, é possível que até se sintam insultados. Mas se eu perguntar primeiro como posso melhorar, eles se sentirão elogiados. E se eu colocar em prática suas sugestões, ficarão muito orgulhosos. Se perguntar então como posso fazer ainda melhor, realmente terei a atenção deles. Finalmente, essa é a hora de dar minhas sugestões sobre o que também podem fazer. Só depois de fazer com que todos se sintam líderes é que posso ser um líder mais eficiente." Portanto, ande pela empresa, cumprimente e conheça cada membro de sua equipe. Acima de tudo, reconheça um trabalho bem executado. Não seja como o pai ou o professor calado e desaprovador com quem infelizmente muitas pessoas cresceram. Tanto crianças quanto adultos acham difícil lidar com esse tipo de pessoa.

As pessoas não precisam só saber que não estão indo bem; também precisam saber quando estão somando! Precisam de elogios. Precisam de comemoração. Existem várias formas de comemorar o trabalho duro e o sucesso. Um executivo de uma empresa de TV a cabo de Nova Orleans faz um esforço consciente para celebrar ao máximo. Como ele mesmo descreve: "Durante nossas reuniões mensais, mostramos diagramas para reforçar nossa mensagem e manter nossos objetivos bem visíveis. Também comemoramos. Já usamos até fogos de artifício. Temos palestrantes e prêmios que exemplificam a excelência que buscamos. Distribuímos dinheiro nas reuniões de funcionários – qualquer coisa para envolver e entusiasmar as pessoas."

Dez perguntas que o líder deve fazer à sua equipe

1. Qual é o objetivo principal da empresa?

Os membros da sua equipe ficarão mais motivados se compreenderem o objetivo principal do negócio. Faça perguntas para saber se eles entendem claramente a missão, os princípios e as prioridades da empresa. Esses conceitos são de uma ordem mais elevada que simples objetivos. Como apontou Marshall Goldsmith, autor de livros sobre negócios, quando objetivos de curto prazo se tornam uma obsessão, podem fazer mais mal do que bem. A missão de uma empresa é sua razão de ser e sua filosofia básica, não somente metas financeiras para o trimestre seguinte.

2. Que obstáculos impedem um melhor desempenho da equipe?

Procure saber quais são as práticas que reduzem a motivação dos funcionários. A empresa pode eliminá-las.

3. O que realmente motiva a equipe?

Muitas vezes, presume-se que todos são motivados pelas mesmas coisas. Na verdade, há uma série de fatores que promovem a motivação. Procure saber o que realmente motiva os membros da equipe, incluindo recompensas financeiras, status, reconhecimento, competição, segurança no emprego – e até mesmo medo.

4. Vocês se julgam capacitados?

Os membros da equipe acham que estão capacitados para encontrar as próprias soluções? Ou recebem uma simples lista de tarefas?

5. Houve alguma mudança recente na empresa que possa ter reduzido a motivação?

Sua empresa fez demissões, congelou contratações ou perdeu pessoas indispensáveis? Mudanças assim afetam a motivação. Procure saber o que os funcionários pensam a respeito disso, quais são suas preocupações e seus medos relacionados a esses eventos. Mesmo que sejam infundados, trate-os com consideração e honestidade.

6. Quais são os padrões de motivação na empresa?

Quem está mais motivado e por quê? Que lições você pode aprender com exemplos de alta e baixa motivação em sua empresa?

7. Os objetivos dos funcionários e os da empresa estão alinhados?

Em primeiro lugar, a empresa precisa estabelecer como seus funcionários podem gastar seu tempo de modo mais produtivo. Em segundo, isso precisa ser comparado com o gasto de tempo real. Você poderá descobrir que a equipe está altamente motivada – mas na direção errada.

8. Como os membros da equipe se sentem em relação à empresa?

Sentem-se seguros, valorizados e bem cuidados? Ou explorados, dispensáveis e invisíveis? Pergunte-lhes o que aumentaria sua lealdade e seu comprometimento.

9. Até que ponto os membros da equipe estão envolvidos no desenvolvimento da empresa?

Sentem-se ouvidos? São consultados? E, caso sejam consultados, suas opiniões são levadas a sério? Existem oportunidades regulares para que deem feedback?

10. A imagem interna da empresa é coerente com a externa?

Sua empresa pode se apresentar ao mundo como a "companhia aérea gentil", a "empresa de tecnologia com visão de futuro" ou a "cadeia de hotéis para a família". Mas se você não espelhar a imagem de sua empresa na forma como trata os funcionários, poderá ter problemas de motivação. Descubra se há disparidades entre a imagem que os funcionários veem a empresa projetar e a forma como são tratados.

RESPEITO E APREÇO SÃO MUITO ÚTEIS

Como líder, uma de suas principais responsabilidades é fazer com que os membros da equipe saibam que você os respeita, que gosta deles e que deseja ajudá-los a atingir todo o seu potencial. A motivação positiva é simplesmente o melhor modo de transmitir essas mensagens.

As etapas relacionadas a seguir incluem técnicas motivacionais positivas que podem ser implementadas em prática da liderança. Procure executá-las plenamente.

EM AÇÃO

1. Suponha que você esteja falando para um grupo de indivíduos prestes a iniciar um grande desafio de ordem física: dar uma corrida de 10 quilômetros, ou correr uma maratona, escalar uma montanha ou até construir uma casa. Como você se expressaria para motivá-los? Escreva o tipo específico de desafio que seus ouvintes poderiam enfrentar. Em seguida, elabore uma breve mensagem destinada a maximizar sua motivação.

2. Reflita sobre seu passado e recorde uma circunstância em que seu desejo de ser grande tenha sido realizado em resposta a uma motivação positiva. Qual foi a motivação? Como você se sentiu na época? Você ainda se sente assim? Tente descrever seus sentimentos da forma mais detalhada possível.

3. Com base nos ensinamentos obtidos até agora, liste todas as técnicas motivacionais positivas que você, como líder, pode começar a pôr em prática. Anote as que pratica atualmente e as que não pratica. Em seguida, crie um plano de ação para incorporar todas as ferramentas em sua rotina.

4

A orientação que faz diferença

*A melhor forma de enfrentar grandes desafios
é estabelecer uma série de metas provisórias.*

– DALE CARNEGIE

ATÉ AGORA FALAMOS SOBRE os malefícios da motivação negativa e sobre os muitos benefícios das abordagens positivas. Concentramo-nos basicamente em como um líder pode usar esses preceitos para motivar outras pessoas. É bom deixar claro, entretanto, que a maestria da liderança inclui a capacidade de motivar a si mesmo.

METAS BEM DEFINIDAS

Dale Carnegie tinha muito a dizer sobre automotivação e identificou claramente a ferramenta mais importante nesse processo: a criação de objetivos claros, realistas e valiosos. Não é exagero dizer que o estabelecimento de metas é a fórmula mágica para uma automotivação ideal. Com objetivos bem definidos, todo o nosso potencial é colocado em ação e quase todos os objetivos podem ser alcançados. Sem eles, no entanto, muito pouco se consegue realizar. Provavelmente nada.

Metas nos dão algo a almejar, pois concentram nossos pensamentos e esforços, além de nos permitirem acompanhar nosso progresso e medir nosso sucesso. Portanto, na condição de líder, você deve priorizar o estabelecimento de metas alcançáveis, claras e mensuráveis, que devem ser convertidas em planos de curto e de longo prazo. Quando alcançam um objetivo, os mestres em liderança reservam um momento para desfrutar o que alcançaram. Então, fortalecidos e energizados pelo que foi realizado, passam rapidamente para o objetivo seguinte.

Eugene Lang: exemplo de um estabelecimento de metas eficaz

Um notável exemplo de eficiência no estabelecimento de metas foi dado por Eugene Lang, um filantropo da cidade de Nova York. Como muitas pessoas, Lang não estava satisfeito com a educação pública em sua comunidade, mas, ao contrário de muitos, decidiu fazer algo a respeito. Seu plano – que incluía a criação de metas para os alunos que pretendia beneficiar – foi anunciado em um discurso de formatura para uma turma do sétimo ano. Estatisticamente, os alunos desse grupo tinham poucas chances de se formar no ensino médio e menos ainda de ingressar numa faculdade.

No final do discurso, Lang fez um anúncio impressionante: "Vou garantir que cada aluno desta turma que se formar no ensino médio tenha dinheiro disponível para entrar em uma faculdade. Sem exceções." Esse foi um exemplo de liderança e do estabelecimento de metas em sua melhor forma. Eugene Lang tinha um objetivo que se ramificou em outros objetivos claros e importantes para um grupo de jovens; mas será que esses objetivos seriam alcançáveis em um sistema público de ensino dominado pelo fracasso? No final das contas, dos 54 alunos que aceitaram a proposta, mais de 90% obtiveram o diploma de ensino médio e 60% desses ingressaram em uma faculdade. Essa incrível taxa de sucesso, é claro, não foi viabilizada somente pelo incentivo financeiro.

Eugene Lang tomou medidas para que os alunos recebessem aconselhamento e apoio ao longo do caminho. Em função da meta desafiadora que estabeleceu para si mesmo, juntamente com as metas que criou para os alunos, dezenas de vidas foram transformadas. Sonhos impossíveis se converteram em uma realidade tangível. Na verdade, como disse o autor de best-sellers Napoleon Hill, "uma meta é um sonho com prazo". Pessoas que definem metas desafiadoras, porém alcançáveis, têm um controle sólido sobre o futuro. Realizam coisas extraordinárias e se tornam mestres em liderança.

Na seção "Em ação" ao final deste capítulo você encontrará exercícios que o ajudarão a identificar objetivos de curto, médio e longo prazos e a medir seus progressos ao longo do caminho. Certifique-se de aproveitá-los o mais rápido possível.

COMO ENCONTRAR UM MENTOR

Temos enfatizado a importância de motivar outras pessoas e vimos como o estabelecimento de metas realistas é essencial para os líderes se motivarem. Neste capítulo, analisaremos outra estratégia motivacional que merece nossa atenção: o processo de orientação. Isso no que se refere tanto a encontrar um mentor quanto a se tornar um deles.

Há um ditado que diz: "Quando o aluno está pronto, o professor aparece." Isso pode muito bem ser verdade, mas há outro provérbio, talvez ainda mais antigo, que diz: "O céu ajuda os que ajudam a si mesmos." O processo de encontrar ou de se tornar um mentor pode ocorrer naturalmente na carreira de um líder; mas consciência, foco e um pouco de esforço sempre o viabilizam. Talvez demore um pouco no início, mas o tempo é bem gasto e, às vezes, divertido.

Vejamos agora o que é necessário para encontrar um mentor ou, em outras palavras, vamos deixar claro o que esse processo não deve envolver. Encontrar um mentor não significa identificar alguém que seja bem-sucedido e simplesmente tentar copiá-lo. Como disse o CEO de uma grande empresa de software: "Cada ser humano é como um floco de neve, uma impressão digital ou um filamento de DNA: somos todos únicos. Nunca encontraremos ninguém exatamente como nós." Uma pessoa que busca um mentor não deve apenas personificar alguém. Esse processo começa pela tentativa de descobrir como as pessoas realmente são.

Superado esse nível básico, o verdadeiro processo de orientação já pode começar. Bill Gates é um dos indivíduos mais ricos do mundo. Mas vejamos o que simplesmente copiar sua vida poderia envolver. Ele largou a faculdade. Portanto, se você for um jovem universitário e estiver farto de ficar acordado até tarde fazendo pesquisas, vá fazer fortuna no Vale do Silício. Afinal, foi o que Bill Gates fez, e você o escolheu como seu mentor.

Entretanto, a coisa não é tão simples. Bill Gates se matriculou no curso de matemática da Universidade Harvard. Com certeza tinha jeito para matemática, mas não demorou a perceber algo muito importante: outros alunos de Harvard eram significativamente mais talentosos que ele. Gates, no entanto, não deixou a universidade por esse motivo nem por estar com pressa de fazer fortuna. Ele a deixou por ter uma personalidade um tanto agressiva e competitiva. Assim, logo percebeu que não poderia ser o melhor naquela área e já estava cansado de enfrentar os futuros Michael Jordans do mundo da matemática.

Assim, juntou suas coisas e voltou para casa. Talvez ao mesmo tempo que dezenas de indivíduos dos quais você nunca ouviu falar e que jamais se tornarão as pessoas mais ricas do mundo. Quando você decide parar no meio de alguma coisa – como Bill Gates fez –, convém estar ciente de que Fulano também fez isso e está vendendo hambúrgueres; Beltrano também fez isso e virou empacotador.

É preciso ter muito cuidado ao escolher um mentor. Feita a escolha, você deve se perguntar: "Eu sou realmente assim? Quero ser como essa pessoa?"

Encontrar um bom mentor é fundamental

Ao selecionar um possível mentor, não se limite aos indivíduos sobre os quais lê nos noticiários. Faça pesquisas. Concentre-se nas pessoas em sua área que compartilham suas preocupações e enfrentam os mesmos problemas que você enfrenta agora. A boa notícia é que a revolução tecnológica tornou isso mais fácil que nunca.

A internet é o maior instrumento de pesquisas já inventado, e o e-mail, a forma ideal de entrar em contato com os mentores em potencial. Não se acanhe. E-mails são infinitamente menos invasivos que ligações telefônicas e, se forem elaborados com respeito e educação, a maioria das pessoas bem-sucedidas apreciará a oportunidade de compartilhar o que aprendeu. Lembre-se de que, quando o aluno está pronto, o professor aparece. Portanto, prepare-se.

Embora encontrar um mentor seja essencial para a maestria da liderança, sobretudo no início da carreira, ser um mentor também é uma boa experiência, além de gratificante. Assim, ofereça-se para dar aulas em sua área de especialização. Envolva-se com as escolas que frequentou. Divulgue seu nome no mundo escrevendo artigos ou dando palestras. Para alguém que procura um mentor, esse caminho vai torná-lo mais fácil de ser encontrado. Além disso, existem organizações que se dedicam a reunir potenciais mentores e alunos. A internet, uma vez mais, é um ótimo veículo para pesquisas nesse sentido.

Tenha interesse pelos outros

Há um número quase infinito de formas de se dizer: "Eu me importo com a comunidade e as pessoas que nela vivem e quero dedicar meu tempo a ajudá-las." Não se trata apenas de altruísmo. Como líder e mentor, há muitas vantagens para você. Dale Carnegie entendeu isso muito bem. Ele escreveu: "Se deseja que os outros gostem de você, se deseja ajudar os outros, se deseja que eles alcancem o sucesso assim como você deseja o sucesso para si mesmo, mantenha este princípio em mente: interesse-se sinceramente pelas outras pessoas." E não há dúvida de que Dale Carnegie praticava o que pregava.

Quando J. Oliver Crom, ex-presidente da Dale Carnegie & Associates, encontrou-se com Carnegie pela primeira vez, não sabia ao certo o que esperar. "Sr. Carnegie, prazer em conhecê-lo", disse ele. "Ah, por favor, me chame de Dale", foi a resposta. "Sr. Carnegie parece muito formal. Eu sei que você nasceu em Alliance, Nebraska. É isso mesmo?" "Bem, sim", disse Crom, um tanto surpreso. "Então me diga", continuou Dale Carnegie, "as mesmas pessoas maravilhosas que viviam em Alliance anos atrás, quando eu vendia naquela área, ainda vivem lá? Fale sobre as pessoas de lá e sobre você. Isso vai me ajudar e talvez o ajude também."

Como se poderia esperar, isso significou muito para o jovem de Nebraska. É um fato da natureza humana que as pessoas se saem melhor pessoal e profissionalmente quando sabem que alguém está prestando atenção nelas com boa vontade e que essa pessoa se preocupa com elas e que está pronta a ajudar, se necessário. Por outro lado, se você sentir que está vivendo em um vácuo, não terá motivação para dar o melhor de si. Se as decisões dos campeonatos nacionais de futebol fossem disputadas em um estádio vazio, ainda poderia haver jogo, mas o nível de desempenho certamente seria muito diferente.

Inspirar e orientar os outros é um modo de levar seus desafios diários de um estádio vazio para um estádio lotado. Para um líder, encontrar um mentor e ser um mentor são não só um enfoque acessório, mas um componente essencial do desempenho máximo.

ADMIRAÇÃO E SIMPATIA: VOCÊ PODE SER UM MENTOR?

Embora uma pessoa admirada nem sempre seja simpática, em um ambiente empresarial todos respeitam e apreciam um executivo correto, que assume a responsabilidade por decisões difíceis e suas consequências espinhosas. Gerentes que correm atrás da fama e apenas reivindicam a glória mais cedo ou mais tarde são detectados e repelidos.

Embora uma pessoa agradável possa ter receio de partilhar seus pensamentos com o grupo, os líderes natos compartilham suas ideias e discorrem honestamente sobre os prós e contras de uma questão. As pessoas admiram os líderes não só por sua liderança equilibrada, mas também por seu rigor.

Vale notar que as pessoas admiram líderes corajosos, que não tentam simplesmente encobrir seus rastros, mas analisam os reais benefícios que suas decisões trazem à empresa. Gerentes egoístas, que tentam colocar a carreira e os ganhos à frente dos objetivos corporativos, fracassam com o tempo.

Alguns executivos são mais dispostos que outros a assumir responsabilidade por falhas e dar os passos difíceis para remediar a situação. Outros simplesmente fogem e transferem a culpa. Os primeiros são bons mentores. Os segundos podem precisar de mentores.

Otimize os problemas

Às vezes o CEO de uma empresa pode ter que assumir a responsabilidade por ações de subordinados que desconhecia totalmente. Ao longo dos anos, muitos colapsos corporativos aconteceram por causa disso. Contudo, ainda que o líder de uma empresa não esteja pessoalmente envolvido no insucesso, ele deve assumir a responsabilidade e lidar com a necessidade de implementar mudanças. Essa postura de capitão do navio é a melhor forma de ganhar a estima e o respeito dos colegas e funcionários.

Alguém pode realmente gostar de você? Alguém pode de fato aprender com você? É possível ter uma coisa sem a outra?

Você realmente gosta de mim, não gosta?

Demitir colegas e assumir responsabilidade pelo erro de outra pessoa são coisas difíceis. Contudo, colocar o próprio pescoço em risco para melhorar uma situação é uma decisão nobre que muitos executivos simplesmente preferem evitar. A maioria joga a toalha e desaparece, reaparecendo alguns anos depois, pouco antes de outro grande e caro escândalo.

No fim das contas, as pessoas procuram mentores (e líderes) que sejam honestos e ousados e que tenham elevados níveis de integridade. Acionistas e funcionários engolem mais facilmente surpresas desagradáveis se estas forem transmitidas por gerentes articulados e simpáticos. Projetos complexos explicados por executivos admirados têm mais aceitação por parte dos interessados que os apresentados por executivos arrogantes e desagradáveis.

Caras antipáticos terminam em último lugar

Esqueça a enganosa crença popular sobre "caras legais". Os bandidos são os que terminam antes e saem cedo.

Considere o estouro da "bolha da internet", o colapso da Enron e a crise das hipotecas e do crédito. A vida é um verdadeiro bumerangue, e aqueles que gostam de ser implacáveis e que fazem as pessoas normais se sentirem inúteis acabam provando do próprio veneno.

Você se lembra de Al Dunlap, da Sunbeam, apelidado de "Motosserra" por demitir funcionários em massa alegando que isso melhoraria a empresa? Talvez não, o que já diz alguma coisa. Quando os acionistas perceberam que a promessa não seria cumprida, ele foi demitido rapidamente. Em 1998, a revista *Time* estampou: "A queda no preço das ações da Sunbeam e os problemas que a causaram levaram o conselho da empresa a demitir o homem cujo nome virou sinônimo de demissões." Que ironia! E o que dizer dos executivos de Bear Stearns, Lehman, AIG e todo o resto?

Não se trata aqui de uma sugestão para permitir que as pessoas pisem em você, mas de evitar ser cruel e insensível às implicações pessoais de decisões empresariais. O mundo é pequeno. Certifique-se de poder dormir à noite sem ser atormentado pela culpa.

Outro ponto certeiro é a amabilidade: trata-se, inquestionavelmente, de um fator de sucesso. Líderes de negócios com projetos assustadores (diante de problemas econômicos difíceis) devem se lembrar de que seus maiores aliados são os indivíduos que precisam entregar os resultados e suportar o peso das decisões tomadas na sala de reuniões.

O sucesso resulta de como essas pessoas são motivadas e orientadas por um executivo que se importa com aqueles que são afetados por decisões difíceis. Não devemos nunca nos esquecer disso.

UM ÚLTIMO COMENTÁRIO SOBRE ORIENTAÇÃO

Acredite, você não precisa escolher seus mentores entre pessoas do seu convívio, nem mesmo entre pessoas vivas. Como líder, você deve aprender a internalizar a sabedoria das pessoas que admira, independentemente de quando viveram e da língua que falavam. Caso você se depare com questões financeiras urgentes, leia a biografia de alguém como Andrew Carnegie ou Henry Ford.

Descubra quais estratégias e táticas ajudaram esses homens a passarem de um início humilde ao topo do sucesso financeiro. Então, após conhecer os fatos sobre seus mentores históricos, imagine o que eles diriam caso lhes pedisse conselhos sobre sua situação. Isso pode literalmente se tornar uma forma de meditação em que você fecha os olhos e imagina que está conduzindo uma entrevista pessoalmente com um mentor do passado.

A seção a seguir contém mais informações sobre como fazer isso. O principal, no entanto, é perceber que, literalmente, qualquer um pode ser seu mentor, desde que você reserve algum tempo para conhecer sua vida e as ferramentas que usou para alcançar o sucesso.

EM AÇÃO

1. Ao criar objetivos, é mais útil trabalhar retroativamente. Em outras palavras, comece com seus objetivos de longo prazo. Faça uma lista de, pelo menos, cinco metas que gostaria de alcançar até o fim da vida. Tente torná-las o mais específicas possível. Por exemplo, não escreva apenas que quer viajar. Liste destinos específicos. Em seguida, reserve algum tempo a identificar ao menos cinco de seus objetivos de médio prazo (levando de dois a dez anos para serem realizados) e cinco de seus objetivos de curto prazo (levando menos de dois anos para serem alcançados). Após fazer isso, estabeleça prazos para cada

um e comece a agir em conformidade com eles. Lembre-se: o sucesso acontece com um passo de cada vez.

2. Faça uma revisão de sua vida e registre todos os mentores que o influenciaram positivamente. Escreva o nome deles e o que você concretizou a partir de seu incentivo. Depois, caso ainda não o tenha feito, reserve algum tempo para ligar ou escrever para eles, dizendo-lhes quanto influenciaram sua trajetória. Expressar gratidão é uma forma poderosa de atrair situações ainda melhores para sua vida.

3. Reserve algum tempo para meditar sobre um mentor. Encontre um lugar confortável onde possa sentar-se por pelo menos quinze minutos sem ser incomodado. Você pode ouvir uma música calma e relaxante ou simplesmente sentar-se em silêncio. Para começar, faça uma lista de qualidades que você procura em um mentor. Depois manifeste sua intenção de se conectar com esse mentor ideal. Respire fundo algumas vezes e acalme sua mente. Permaneça imóvel até que nomes, rostos, imagens ou ideias comecem a surgir em sua mente. Se nada vier, reveja sua lista de qualidades e relaxe novamente. Caso não obtenha uma imagem imediata, não se preocupe. No espaço de uma semana, alguém lhe virá à mente. Se, mais uma vez, isso não acontecer, leia biografias e autobiografias ou faça algumas pesquisas na internet. Acredite: sua decisão de encontrar um mentor será suficiente para guiá-lo na direção certa.

4. Pense em pessoas com as quais você sente alguma conexão e que ficaria honrado em orientar. Anote o nome delas e escreva como poderá contatá-las para dar início ao processo.

5

Os sinais de talento para a liderança

*Não limite suas manifestações de interesse às pessoas
aparentemente importantes em sua vida. É provável
que elas já estejam recebendo atenção suficiente.*

– Dale Carnegie

Você já parou para pensar que o cão é um dos poucos animais que não precisa trabalhar para viver? A galinha tem que botar ovos; a vaca, dar leite; e o canário, cantar. Mas o cão ganha a vida apenas oferecendo amor. Os cachorros são a luz e a alegria na vida de muita gente. Como companheiros, estão sempre interessados em você e o amam incondicionalmente. Não importa seu humor ou o modo como encara a vida: só de vê-lo, seu cachorro irá saudá-lo com pulos de alegria e latidos de puro êxtase.

Os cães não leem livros sobre psicologia. Não precisam, pois sabem, por algum instinto divino, que você pode fazer mais amigos em dois meses interessando-se genuinamente por outras pessoas do que em dois anos tentando fazer outras pessoas se interessarem por você. Vale a pena repetir: você pode fazer mais amigos em dois meses interessando-se por outras pessoas do que em dois anos tentando fazê-las se interessarem por você.

No entanto, todos nós conhecemos pessoas que passam a vida tentando fazer os outros se interessarem por elas. Isso não funciona, claro. As pessoas não estão interessadas em você. Não estão interessadas em mim. Estão interessadas nelas mesmas.

Neste capítulo, veremos como reconhecer o talento, não só em outras pessoas, mas principalmente em si mesmo. Essa é uma característica que os autênticos líderes demonstram onde quer que atuem, seja em uma simples tarefa, em um cargo, em uma organização ou até mesmo no âmbito familiar.

COMUNIQUE-SE!

Um líder fala como líder. Os líderes não falam todos do mesmo modo, mas todos têm certas habilidades de comunicação altamente eficazes que os diferenciam dos outros membros da equipe. Quando bons líderes falam, os que estão sob seu comando entendem o que dizem e se prontificam a agir inspirados em suas ideias.

Pessoas que podem se expressar bem são cada vez mais raras, o que torna uma boa capacidade de comunicação ainda mais valiosa. Você é avaliado não apenas pelo que diz, mas pela forma como fala. Ao liderar uma reunião, por exemplo, você deve ser capaz de apresentar suas ideias com clareza. E lembre-se de que, além do conteúdo que está passando, *você* é a mensagem. Se os membros da equipe saírem da reunião com uma impressão positiva a seu respeito, isso reforçará as informações que transmitiu, especialmente se o fez de forma poderosa.

Às vezes é útil pensar na comunicação como um jogo. Para ser bem-sucedido em qualquer jogo, é preciso primeiramente aprender a jogar. Em outras palavras, quais são as regras?

As regras da boa comunicação são muito parecidas com as da boa direção. Em primeiro lugar, quem está por trás do volante? Quando você está falando para um grupo, é como se estivesse ao volante de um carro – ou de um ônibus – cheio de gente. Você controla os pedais do acelerador e do freio. Está no comando e não há muito que os passageiros possam fazer a respeito. Mesmo assim, é do seu interesse tornar o passeio o mais agradável possível. Então, não vá muito rápido nem faça a viagem demorar mais que o necessário. E, se decidir seguir a rota panorâmica, certifique-se de que a paisagem seja realmente bonita.

Uma conversa *tête-à-tête* é mais como dirigir pela cidade. Os outros motoristas são como seu parceiro de bate-papo. Você deve estar ciente da presença e das necessidades deles, assim como está das suas. Precisa parar nos sinais e desistir do direito de passagem quando apropriado; você não pode simplesmente agir como se mais ninguém estivesse nas ruas. As pessoas que falam sem parar são como motoristas que dirigem em alta velocidade. Ir devagar demais, no entanto, também não é aconselhável. Dirigir com segurança e falar bem exigem autoconhecimento e consideração pelos que estão ao redor. Infelizmente as pessoas não precisam de licença para começar a falar.

Após aprender as regras da comunicação oral – e obedecê-las –, é preciso explorar três recursos básicos para se tornar verdadeiramente proficiente. Esses recursos não são apenas técnicas de oratória, mas princípios fundamentais de caráter. São a base de tudo o que se diz.

O primeiro princípio é a competência. Um líder realmente competente deve ser capaz de executar todas as funções na organização. Você não pode ser apenas especialista em marketing; também deve entender de finanças, operações e tudo o mais. Não há nada mais constrangedor do que o presidente de uma indústria automotiva que não sabe verificar o nível do óleo em um carro ou o executivo de uma empresa de software que não sabe anexar um arquivo a um e-mail.

O segundo princípio é a clareza. Antes de expor suas ideias, elas precisam estar muito claras em sua mente. Líderes fortes percebem com nitidez para onde sua empresa está indo. Em uma escala ainda maior, podem ver para onde a economia como um todo está se dirigindo e orientar a empresa em conformidade com essa percepção. A elaboração de um rumo para uma organização não se faz no vácuo. Os líderes precisam conhecer as tendências históricas e a situação atual da economia, bem como antever um futuro provável.

Uma vez que os princípios de competência e clareza estejam incorporados, o terceiro princípio, que é o verdadeiro processo de comunicação, pode se desenvolver. Frequentemente, as ideias de um líder são novas e claras, porém complexas e não muito fáceis de serem comunicadas. No entanto, para que o líder e sua empresa tenham sucesso, ele precisa aprender a superar essa dificuldade.

Competência, clareza e comunicação – três C's que os líderes talentosos dominam naturalmente. Líderes menos talentosos também podem dominá-los mediante trabalho árduo e experiência. A lição principal é que os líderes sabem como transmitir o que está na sua mente (e no seu coração) para todos os membros da equipe.

Jeff Winston vence um temível adversário

A experiência de Jeff Winston tornou-o uma espécie de autoridade em todos esses quesitos. Recém-saído da faculdade, candidatou-se a um emprego numa das principais revistas de notícias do país. Foi contratado e, durante a década que passou na revista, desempenhou diversas funções: apurador, pesquisador, repórter, editor e, por fim, editor-chefe em uma nova publicação na área de alta tecnologia. Liderar um novo veículo era uma grande oportunidade.

Jeff ficou orgulhoso por sua nova posição, mas sabia que a merecera, pois nos dez anos anteriores havia escalado todos os degraus da profissão. Ao ser nomeado pela primeira vez para um alto cargo editorial, ele constatou que a maioria de seus colegas o apoiava e encorajava, com exceção de um dos editores, por parte do qual sentia certa tensão: um homem para quem havia trabalhado em seus primeiros anos na revista. Era um redator e editor muito talentoso, lembra Jeff, mas que jamais alcançara as posições de destaque que achava merecer.

"Quando ocupei uma dessas posições, convenceu-se de que fora mais por política do que por competência. Não me confrontou diretamente, mas fiquei sabendo disso por meio de várias pessoas." Jeff tentou não se incomodar com isso, mas sentiu um pouco de raiva. Quanto mais pensava no assunto, porém, mais percebia que qualquer falha real provavelmente estava dentro de si mesmo.

Se o outro homem não considerava Jeff digno da promoção, era porque não reconhecia seu talento. Mas não era responsabilidade dele ter esse reconhecimento: Jeff é quem deveria tornar seu talento reconhecível e indiscutível. Tendo isso em mente, trabalhou duro. Passava horas conversando com redatores, editores de departamento e diretores de arte, no sentido de ajudá-los a encontrar e desenvolver ideias para novas matérias. E se interessava sinceramente pelos assuntos sob sua responsabilidade, que incluíam medicina, mídia, religião e estilo de vida. Além disso, embora não fosse algo fácil, fez um esforço especial para trabalhar bem com o editor que questionava sua capacidade.

Então, um dia depois de Jeff completar seu sexto mês como editor-chefe, esse editor entrou em sua sala. Era um homem mais velho que havia adquirido certa influência na revista e não tinha medo de exercê-la, independentemente de seu cargo. Assim, simplesmente sentou-se na cadeira em frente à mesa de Jeff.

"Jeff, tenho que lhe dizer uma coisa", disse ele em voz baixa. "Quando você conseguiu esse cargo, fui totalmente contra. Achei que era muito jovem e inexperiente, e que só havia sido nomeado porque estudara numa universidade prestigiada. Mas estou realmente impressionado com o interesse que você demonstrou em desenvolver conteúdo nos redatores e nos editores dos departamentos, até mesmo comigo. Trabalhei com muitos outros editores-chefes e todos só estavam interessados em usar o cargo como trampolim para o nível seguinte. Mas agora ficou claro para mim que está de fato comprometido com o trabalho. Você demonstra esse compromisso todos os dias e também tem talento."

Hoje, em seu novo cargo na revista, Jeff relembra aquele encontro, entende o problema que o originou e como seus esforços evitaram uma situação potencialmente difícil. "É preciso levar as pessoas a sério para que elas o levem a sério", diz. Quer esteja vindo da rua para uma entrevista ou sendo promovido a uma nova posição executiva, você precisa mostrar que trata todo mundo de forma igual. Se puder fazer isso, seus talentos se manifestarão sem serem obstruídos pelas emoções de outras pessoas.

EXPRESSE INTERESSE PELAS OUTRAS PESSOAS

Este é um princípio básico da filosofia de Dale Carnegie: expressar interesse pelos outros é a melhor maneira de fazê-los se interessar por você. As pessoas não conseguem deixar de responder a quem está sinceramente interessado nelas. Trata-se do princípio mais importante que os líderes devem buscar nos outros e que eles mesmos precisam praticar. Ter um interesse genuíno pelas pessoas é o talento básico que torna possíveis todos os outros talentos. Quando o possui, não há limite para o seu progresso; se não o possui, é pouco provável que seus outros talentos sejam reconhecidos.

Existem muitas formas de expressar interesse pelas pessoas, e a maioria delas requer apenas um pouco de atenção concentrada. E quanto mais alto você sobe na escada da liderança, mais importantes se tornam esses hábitos. Mostrar que se preocupa com as pessoas não é sinal de fraqueza ou falta de autoridade. Pelo contrário, é a prova de um verdadeiro talento para a liderança. É a prova de que você merece estar onde está.

Ao atender o telefone, por exemplo, você pode dizer com voz agradável: "Fico feliz em ouvir você." Ao conhecer alguém pessoalmente, demonstre satisfação. Sorria, guarde seu nome e certifique-se de soletrá-lo e pronunciá-lo corretamente. Depois, guarde essas informações por escrito. Também fique atento quando alguém mostrar esse tipo de consideração por você. Esse indivíduo não está apenas sendo educado; está revelando potencial para a liderança. Acima de tudo, não limite essas expressões de interesse às chamadas "pessoas importantes". Em primeiro lugar, elas provavelmente já chamam bastante atenção; em segundo, a pessoa importante hoje provavelmente ocupará outro cargo amanhã ou depois de amanhã. Assim, não podemos nos esquecer dos assistentes, recepcionistas, mensageiros e todos os outros indivíduos que mantêm uma organização funcionando. Repetindo: quando você vir alguém demonstrando esse tipo de consideração, fique de olho nessa pessoa. Ela pode estar pronta para responsabilidades maiores.

O CEO de uma empresa de serviços alimentícios em Minnesota teve uma experiência interessante a esse respeito. Ele estava no refeitório da empresa quando, por acaso, ouviu uma conversa entre um gerente de nível médio e um dos chefes de departamento. O gerente, ao que parecia, estava atravessando um período difícil na vida, o que já começava a afetar seu trabalho. O chefe de departamento o ouvia com atenção, deixando-o expressar abertamente seus sentimentos. Por fim, fez algumas sugestões práticas e úteis, sem deixar de demonstrar solidariedade. Com base nessa conversa, o CEO escolheu o chefe de departamento para conduzir uma difícil negociação que acabara de ser iniciada com um cliente novo e importante. Foi um passo decisivo para o chefe do departamento. E também uma oportunidade para a empresa aproveitar um talento que talvez passasse despercebido num currículo ou em uma avaliação anual.

Demonstrações de interesse são os alicerces de relacionamentos bem-sucedidos, tanto pessoais quanto profissionais. São os momentos em que se diz: "Você é importante para mim. Estou interessado em você, quero saber mais sobre você e me importo com você." A maior parte das pessoas deseja vivenciar algo assim, e os mestres em liderança se encarregam disso.

Preocupar-se com os outros o manterá em uma atitude positiva

Depois de iniciado, o processo de expressar interesse pelas pessoas logo se tornará uma parte natural do seu estilo de liderança. Você se sentirá mais interessado mesmo pelas pessoas ao redor. Além disso, o interesse genuíno pelos outros é uma das melhores formas de superar quaisquer angústias ou preocupações que o possam estar incomodando pessoalmente. Quanto mais você se concentrar nas outras pessoas, menos pensamentos negativos terá.

O autor de best-sellers Harvey Mackay teve uma longa carreira no negócio de envelopes, onde aprendeu muitas das lições que tornaram seus livros e artigos tão penetrantes. Mackay se lembra de um vendedor que ele nunca considerara particularmente dinâmico ou bem-sucedido, apesar dos muitos anos de experiência na empresa. Certa ocasião, porém, Mackay disse que ele fez algo que o surpreendeu: "O vendedor me disse que um de seus compradores acabara de dar as boas-vindas a uma nova menina em sua família. Então, ele desceu e comprou um presente, não para o bebê que acabara de nascer, mas para o irmão mais velho, um menino de 3 anos que poderia estar sentindo um pouco de ciúme." Mackay continuou: "Aquele gesto atencioso e criativo chamou minha atenção. De repente, eu já não pensava nele como um funcionário comum. Agora ele se tornara um dos nossos mais importantes gerentes regionais de vendas."

UMA LIDERANÇA EFICIENTE EXIGE MAIS QUE UM BOM DESEMPENHO

Por outro lado, um vice-presidente sênior do Bank of America aprendeu do modo mais difícil como é importante ter um interesse autêntico pelos outros. Após se formar em uma faculdade, no fim da década de 1980, ele foi contratado por uma empresa de investimentos, onde teve uma ascensão meteórica. Muito antes do que esperava, estava morando num grande apartamento em São Francisco e tinha uma Mercedes na garagem. "Eu achava que tinha tudo e fazia as pessoas saberem disso", confessou. "Era uma atitude autêntica, mas em 1990, com a recessão se aproximando, meu chefe me chamou em sua sala e disse que eu seria demitido. Fiquei chocado e lembrei o bom trabalho que havia feito para a empresa, mas ele balançou a cabeça", continuou. "'Não é uma questão de números', disse o chefe. 'Isso é desempenho. Mas nós não buscamos apenas desempenho. Precisamos de talento para liderar. Só que as pessoas simplesmente não gostam de trabalhar com você. Acho que teremos que nos separar.' Isso me atingiu como um raio", disse o executivo. "Eu me achava o tal e estava sendo demitido no início de uma recessão. Demorei um ano para encontrar outro emprego."

Uma história ainda mais impressionante é a do dono de uma empresa nacional de marketing direto. "Eu tinha quarenta escritórios em todo o país e no Canadá", disse ele. "Estava sempre em contato com meu pessoal e gostava de obrigá-los a fazer malabarismos. Às vezes, dizia para um cara em Atlanta que ele teria que se mudar para Boston ou dizia para o cara de Boston que ele teria que procurar moradia em Phoenix. Eu gostava de ostentar poder." Até que um dia recebeu pelo correio uma entrega expressa de quarenta envelopes. Dentro de cada um deles havia um molho de chaves. "Minha empresa inteira havia se reunido e decidido se demitir de uma só vez. Fiquei literalmente fora do mercado. Levei anos para me recuperar, mas na verdade sou grato pelo que aconteceu. Eu mereci, e acredite: aprendi a lição!"

EM AÇÃO

1. Faça uma lista de cinco pessoas com quem você mantém contato regular em sua vida profissional. Podem ser colegas, clientes, fornecedores ou até concorrentes. Você pode nunca ter pensado nelas como pessoas talentosas, mas cada uma tem qualidades únicas e especiais. Os mestres em liderança sabem disso e estão determinados a desenvolver os talentos naturais de todos ao redor. Assim, depois de cada nome, escreva pelo menos três talentos que mais sobressaem em cada uma das pessoas listadas.

2. Após avaliar os talentos dessas pessoas, relacione cinco de seus talentos naturais. Depois de cada um, descreva uma ocasião específica em que você colocou em prática esse talento. Você pode nem estar ciente de que possui algum dom especial, mas, ao se concentrar em

ocasiões nas quais teve um bom desempenho, começará a ganhar consciência desses talentos.

3. Os dois relatos no final deste capítulo são claros lembretes de que há momentos em que o bom desempenho não é tudo. Você vivenciou alguma situação semelhante, em que seu interesse pessoal ofuscou seu interesse pelos outros e acabou destruindo suas chances de se destacar em determinada situação? Em caso afirmativo, escreva sobre isso e, em seguida, faça uma lista de atitudes que poderia ter tido para mudar o resultado. Embora não seja possível desfazer os erros do passado, revisá-los prepara o caminho para melhorias.

6

As quatro qualidades dos mestres em liderança

O melhor modo de fazer alguém se entusiasmar com uma ideia é você se entusiasmar primeiro. E demonstrar isso.

– Dale Carnegie

Como vimos, expressar interesse sincero pelas pessoas é fundamental para a maestria da liderança. Esse talento, entretanto, pode se manifestar em outras funções dentro de uma organização. Por essa razão, os mestres em liderança, além dessa característica, focam em outras qualidades muito claras nos indivíduos, não importa se estão numa saleta aguardando uma entrevista de emprego ou sentados atrás de uma mesa numa suíte executiva; são elas: otimismo, alegria, criatividade e capacidade de superar contratempos. Analisaremos essas qualidades uma a uma ao longo deste capítulo, oferecendo sugestões para torná-las parte de seu estilo pessoal de liderança.

OTIMISMO

Depois do interesse sincero pelos outros, o otimismo é o elemento mais importante para a maestria da liderança. Não se trata de nenhuma novidade e, de fato, esse foi o tema do best-seller *Aprenda a ser otimista*, em que o psicólogo Martin Seligman demonstrou que um alto percentual de indivíduos bem-sucedidos compartilhava uma característica-chave: a crença de que as coisas acabariam bem. Essa crença era mais importante que educação, conexões comerciais ou recursos financeiros. Curiosamente, era ainda mais importante do que ter razão. Os pessimistas às vezes podem estar certos ao pensar que os esforços terminarão mal, mas essa convicção acerca do futuro os leva à inatividade no presente. Os otimistas, por sua vez, recusam-se a aceitar um "não" como resposta. E dão a volta por cima. Quando algo dá errado, não acham que isso ocorreu porque o Universo é assim; eles veem o fato como um contratempo temporário.

Otimismo era algo difícil de se encontrar no início da década de 1980, quando Thomas J. Peters e Robert H. Waterman estavam começando a trabalhar no livro *Vencendo a crise*. Os negócios nos Estados Unidos sofriam com a concorrência mundial e havia uma percepção generalizada de que seus melhores dias talvez tivessem ficado para trás. Essa atitude, no entanto, foi uma oportunidade de ouro para que Peters e Waterman tirassem proveito do poder do otimismo. Muitos escritores e jornalistas se ocupavam em nos contar como as coisas estavam ruins, mas *Vencendo a crise* enfocou o que estávamos fazendo bem. Os autores procuraram as empresas americanas mais bem-sucedidas em uma variedade de setores e documentaram cuidadosamente os procedimentos que haviam adotado para obter sucesso.

No final, a editora se mostrou menos otimista que os autores do livro e seus entrevistados: a primeira tiragem foi de apenas 10 mil exemplares, tão pequena que justificou as reduzidas publicidade e promoção por parte do editor. Peters e Waterman, otimistas sobre o livro, decidiram encontrar uma solução para esse problema, demonstrando uma verdadeira maestria da liderança: além dos 10 mil livros impressos, fizeram 15 mil cópias do manuscrito para distribuir, apesar das enérgicas objeções da editora.

O livro acabou se tornando uma das obras sobre negócios mais vendidas em todos os tempos. Isso porque Peters e Waterman acreditavam realmente em sua obra e estavam dispostos a agir em conformidade com essa crença otimista.

O otimismo é uma escolha consciente

Um revendedor de eletrônicos em Milwaukee, ao conversar com um colega, soube que ele andava preocupado por conta de um concorrente que pretendia abrir uma loja no outro lado da rua. Sendo mais experiente, ele levantou alguns pontos interessantes.

Em primeiro lugar, o novo concessionário levaria pelo menos seis meses para abrir as portas; em segundo, um negócio estabelecido e bem-sucedido tem uma vantagem tremenda, e a primeira loja estava no local havia mais de dez anos. E já contava com muita lealdade e boa vontade na área. Sendo assim, por que o comerciante estava tão preocupado, achando que tudo iria se voltar contra ele? Não era um prognóstico baseado na realidade, mas puro e simples pessimismo, um exemplo perfeito de alguém caminhando na direção errada.

Os mestres em liderança pensam, sabem e sentem que vão conseguir o emprego. Que vão receber a promoção. Que fecharão o negócio e terão mais sucesso do que no ano passado e menos que no ano seguinte.

Você usa essa abordagem positiva em todos os setores de sua vida? Se não usa, preste atenção nela, seja otimista e passe a adotá-la.

ALEGRIA

A alegria é uma companheira natural do otimismo e merece uma análise. Por motivos que não são exatamente claros, algumas pessoas costumam associar maneirismos graves, ou mesmo tristes, a inteligência. Talvez achem que alguém que parece sério ou preocupado deve saber algo que nós não sabemos. Qualquer que seja o caso, a conexão entre melancolia e sabedoria é infeliz e improdutiva, além de não ser compartilhada por pessoas ao redor do mundo.

Na China, por exemplo, a felicidade está associada à inteligência e à tenacidade, sobretudo à medida que as pessoas amadurecem. Alguém que enfrentou as provações da vida e retém a capacidade de ser feliz deve ser um indivíduo forte, um sobrevivente, uma pessoa qualificada para liderar. Na verdade, os mestres em liderança gostam de levar alegria a todos, tanto na vida pessoal quanto na profissional.

A importância disso ficou muito clara num encontro entre o CEO de uma seguradora de sucesso e um gerente da organização. Em uma reunião privada no escritório, o homem mais jovem parecia preocupado e estava até taciturno. "Está havendo algum problema?", perguntou o chefe da empresa. "Bem, senhor, receio que sim, as vendas neste trimestre estão baixas, muito baixas", respondeu o gerente. E lançou um olhar hesitante para o CEO, sem saber o que esperar. Para sua surpresa, o homem parecia perfeitamente composto e alegre. "Isso é excelente", declarou ele. "Isso é realmente excelente, estou muito satisfeito." O gerente ficou perplexo. "Mas como pode ser excelente? Acabei de dizer que as vendas estão caindo, e o senhor parece feliz com isso." "É isso mesmo, estou feliz", disse o CEO. "Para começar, já ouvi esse tipo de notícia antes, e o problema sempre foi temporário. Na verdade, sempre oferece uma oportunidade para mudanças que valem a pena a longo prazo. Mas o importante para mim é que reagir com alegria às más notícias é uma questão de disciplina pessoal. Embora, neste momento, ainda não veja a luz brilhar entre as nuvens, sei que uma resposta bem-humorada aumenta minhas chances de encontrá-la logo. Sei também que ela está por perto e isso me tornará mais forte e bem-sucedido ao longo do tempo. Então, por que não ficar feliz?"

George promete e entrega com alegria

Vejamos o exemplo de George, um dos executivos mais bem-sucedidos, dispostos e brincalhões dos Estados Unidos. Dono de um patrimônio líquido de mais de 1 bilhão de dólares como CEO e presidente de uma fábrica de componentes para computadores, logo após iniciar sua carreira na empresa, reuniu-se com altos executivos de um grande comprador desses produtos. Durante a reunião, os executivos disseram-lhe que jamais comprariam componentes de uma empresa iniciante, ainda sem credibilidade estabelecida.

George abriu um largo sorriso. Perguntou então sobre a eficiência da tecnologia que a empresa estava usando no momento. Ao ouvir a resposta, ele sorriu com mais vontade ainda e prometeu que, dentro de um ano, lhes mostraria um componente dez vezes mais poderoso. E foi exatamente o que fez.

Os mestres em liderança não estão somente preparados para fazer o que for preciso; eles ficam felizes em fazê-lo e estão sempre à altura do desafio.

Todos nós enfrentaremos altos e baixos, e alguns dos baixos poderão ser bastante difíceis, mas um verdadeiro líder tem a capacidade de se comportar positivamente, mesmo quando as coisas parecem estar indo mal. Em suma, ficar mal-humorado não é sinal de inteligência, e enfrentar a adversidade com alegria tampouco é indicador de ignorância. Pelo contrário, é um sinal de maestria da liderança.

CRIATIVIDADE

Um terceiro aspecto do talento para a liderança é a criatividade. Podemos defini-la como a capacidade de produzir algo de valor a partir de alguma coisa menos importante. E indo mais longe: é a capacidade de produzir algo de valor a partir de absolutamente nada. Assim, se alguém está com raiva de você e o insulta, transformar esse sentimento em amizade pode ser considerado um ato criativo. É improvável que uma animosidade entre duas pessoas produza alguma coisa positiva, mas amigos trabalhando juntos podem realizar milagres.

Uma forma diferente de criatividade ocorre quando um sonho se torna realidade ou quando um pensamento se concretiza em algo capaz de beneficiar você ou o mundo. Talvez seja essa, de fato, a expressão criativa suprema, visto que desejos, pensamentos e sonhos são a base de toda a realidade.

Um camundongo torna-se um ícone famoso

Vejamos como o processo criativo se manifestou num dos autênticos fundadores da cultura popular contemporânea. Como acontece com qualquer pensamento ou sonho, as origens são difíceis de serem localizadas em um mapa, um calendário ou na mente do sonhador. Segundo reza a lenda, o então jovem artista Walter E. Disney encontrou uma família de ratos no seu estúdio e decidiu transformá-los em personagens de animação. Outra história relata que Disney não conseguia dormir numa viagem noturna por conta de rangidos na madeira de seu compartimento, que para ele soaram como um coro de ratos. Naquela noite, Mickey Mouse passou a existir.

O que de fato ocorreu, ninguém sabe de fato, mas uma coisa é certa: muitos anos mais tarde, com a Disneylândia construída e dezenas de filmes de sucesso produzidos, Walt Disney gostava de lembrar às pessoas que fora um rato o mentor de tudo.

O que ele realmente queria dizer, claro, é que a ideia lhe ocorrera por causa de um rato. E se alguma vez houve um caso em que o nada se transformou em algo foi a ideia de um rato dar origem a um negócio multibilionário. Talvez a palavra *talento* não faça justiça a esse fenômeno. Genialidade é um nome melhor.

A CAPACIDADE DE SUPERAR REVESES

A vida de Walt Disney também ilustra um quarto aspecto da aptidão para a liderança: a resiliência, ou a capacidade de se recuperar de contratempos e decepções (ou, no caso de Disney, de fracassos completos). Sobrecarregado com dívidas enormes após a falência de sua empresa de animação em Kansas City, a Laugh-O-Gram, Walt Disney mudou-se para a Califórnia e procurou emprego. Não conseguiu encontrar nenhum, mas não desistiu: abriu uma nova produtora de filmes com seu irmão mais velho, Roy.

Seus dois primeiros filmes de animação não tiveram sucesso comercial. Walt Disney chegou a perder os direitos do segundo por conta de uma ingênua decisão de negócios. Foi então que ocorreu o incidente da família de ratos no estúdio ou o da madeira barulhenta no trem. E Mickey Mouse nasceu. Bem, ainda não. Disney queria chamar o personagem de Mortimer, mas sua esposa o convenceu a desistir – talvez tenha sido ela a verdadeira criadora. De qualquer forma, Walt Disney levou milhões de pessoas, ao longo de várias gerações, a segui-lo aonde seus sonhos o levavam. Trata-se de uma maestria da liderança de tipo único, sobretudo porque seus seguidores se divertiam muito.

Ter otimismo, alegria, criatividade, interesse sincero pelos outros e capacidade de superar a decepção ou mesmo o fracasso, são esses os atributos do talento para a liderança. Aprenda a reconhecê-los nas pessoas. Procure-os em você mesmo e, se achar que lhe faltam, faça tudo ao seu alcance para desenvolvê-los. A partir de agora.

O LÍDER DEFINE O TOM

Líderes eficazes definem o tom para toda a organização. O que não significa saber mais que os outros – muitos líderes não são os maiores especialistas em suas empresas –, mas sim trabalhar duro, algo que qualquer pessoa pode fazer. Seja a primeira pessoa a dar o melhor de si para alcançar o objetivo traçado. Se conseguir fazer isso, já estará anos-luz à frente da maioria dos gerentes no tocante ao respeito que obterá por parte de todos. Aplique o mesmo princípio a todas as suas atividades rotineiras. Se espera que sua equipe de vendas faça cinquenta ligações por dia, esforce-se para fazer cem. Não se trata de construir foguetes. É só o básico de "liderança pelo exemplo".

Ninguém pode desacreditar líderes que sejam os indivíduos mais trabalhadores em suas organizações. E poucas pessoas podem igualar seus resultados. O trabalho duro sempre vence o talento preguiçoso, e o trabalho duro e talentoso supera tudo. Portanto, ajuste seu despertador. Para mais cedo.

FALE SUAVEMENTE (E O MÍNIMO POSSÍVEL)

Muitas vezes, a melhor forma de exercer autoridade é simplesmente manter a boca fechada. É comum as pessoas acharem que o cara mais inteligente na sala é aquele que fala o tempo todo. Quem pega o microfone deve ser o líder, certo? De fato, não. O verdadeiro líder não é o indivíduo que fala mais. É o que precisa falar o mínimo.

Isso é especialmente verdadeiro em reuniões e apresentações. Se você está em uma posição de liderança e quer projetar uma imagem de confiança e maturidade, concentre-se atentamente no que os outros estão dizendo – mas fique em silêncio. Espere todo mundo ficar sem combustível. Então, quando você falar, suas palavras terão grande autoridade. Em vez de tomar decisões precipitadas e falar sem pensar, preste atenção no que os outros estão dizendo. É impressionante o número de erros que evitará cometer se passar mais tempo ouvindo que falando.

Encontrar a melhor solução para um problema significa, muitas vezes, passar bastante tempo ouvindo o ponto de vista de outras pessoas antes de formar o seu. Se possível, só dê a última palavra na reunião após coletar o máximo de informações possível, pois esse é o modo mais eficiente de liderar projetos.

Nas conversas do dia a dia, a maioria das pessoas mal pode esperar para compartilhar seus pontos de vista a respeito de várias coisas – filmes, esportes, música, comida, o que seja. Nessas conversas, escolher as palavras com cuidado não é muito importante, e as consequências de dar uma bola fora são pequenas. Mas, quando se ocupa uma posição de liderança no mundo dos negócios, as regras mudam.

Eis outro equívoco comum: às vezes as pessoas confundem a relação entre perguntas e respostas. Quando um líder faz muitas perguntas, isso não significa que esteja inseguro ou confuso; pelo contrário, os líderes fazem perguntas para tomarem a decisão mais acertada possível e precisam de informações para fazer isso. Logo, os melhores líderes aprendem a fazer muitas perguntas para chegar à raiz dos problemas. Sabem abrir caminho. De um lado, as decisões de liderança, em sua maioria, só se tornam realmente óbvias quando um gerente obtém fatos suficientes sobre a situação. De outro, muitos problemas não são resolvidos porque as respostas parecem mais óbvias do que realmente são.

Tomemos como exemplo um projeto que está atrasado e que ninguém parece saber por quê. Nesse caso, é importante não se limitar a perguntar "Quem é o responsável por isso?", mas rastrear toda a sequência de eventos a fim de verificar se existe um problema maior por trás do trabalho que não foi feito. Muitas questões subjacentes são esquecidas por gerentes que não gostam ou não têm capacidade para fazer perguntas mais profundas.

Após obter as informações necessárias, aja com ousadia. Líderes eficazes tomam decisões de maneira confiante. O excesso de cautela é um modo ruim de enfatizar a importância de sua decisão e sua autoridade como líder. Isso não significa, entretanto, que não possa mudar de ideia. Mas, se o fizer, certifique-se de fazer poucas mudanças e apenas quando as circunstâncias de fato o exigirem. Quando um líder recua, sempre se segue um efeito cascata. Como você questionou sua decisão anterior, os membros de sua equipe podem questionar a próxima.

Se você foi promovido recentemente ou se acabou de ingressar em uma nova organização, não se preocupe se às vezes se sentir inseguro. É muito comum que isso aconteça. A liderança, em grande medida, é uma prova de fogo. Livros e aulas podem ajudar, sem dúvida, mas a verdadeira liderança é uma questão de saber se comunicar e projetar confiança na própria capacidade. E essa postura requer prática!

A HISTÓRIA DE JOSEPHINE CARNEGIE

Josephine Carnegie, sobrinha de Dale Carnegie, mudou-se para Nova York para ser secretária do tio. Tinha 19 anos, havia se formado no ensino médio três anos antes e sua experiência em negócios era pouco mais do que zero. Acabou se tornando uma das secretárias mais competentes que ele já vira, mas no início tinha vários pontos a melhorar. Certo dia, quando começou a criticá-la, ele disse a si mesmo: "Espere um minuto, Dale Carnegie, espere um minuto. Você tem o dobro da idade de Josephine. Teve 10 mil vezes mais experiência em negócios. Como pode esperar que ela tenha uma opinião, uma capacidade de julgamento e uma iniciativa iguais às suas? O que você estava fazendo quando tinha 19 anos? Lembra-se das asneiras que fez e dos erros bobos que cometeu? Lembra-se daquela vez que fez isso e aquilo?" Depois de pensar de forma honesta e imparcial sobre o assunto, concluiu que a média de acertos de Josephine aos 19 anos era melhor que a dele – e isso não era um grande elogio a Josephine. Assim, a partir dessa constatação, quando queria chamar a atenção dela por algum deslize, começava dizendo: "Você cometeu um erro, Josephine, mas Deus sabe que não é pior do que muitos que cometi. Você não nasceu sabendo. O conhecimento só vem com a experiência, e você é melhor do que eu na sua idade. Já fiz muitas coisas ridículas e tolas. Por isso, não me sinto à vontade para criticar você ou qualquer pessoa. Mas não acha que teria sido mais sensato se tivesse feito isso e aquilo?"

Não é tão difícil ouvir uma crítica se a pessoa que a está fazendo admite humildemente que também está longe de ser infalível.

EM AÇÃO

1. Liste três preocupações que você enfrenta atualmente, pessoal ou profissionalmente. Como as vê sendo resolvidas? Para cada item, escreva uma descrição otimista de como a solução pode ser encontrada e leve essa descrição a sério. Siga nessa direção. Torne o melhor resultado possível aquele que de fato acontece!

2. Liste os nomes de três dos indivíduos mais alegres que você conhece. Descreva por alto um incidente no qual a alegria deles foi particularmente evidente. Em seguida, anote o que você pode aprender com cada um e como pode incorporar alegria em pelo menos dois desafios que está enfrentando.

3. Neste capítulo, falamos de Walt Disney, cujas criatividade e resiliência foram notáveis. Você alguma vez demonstrou uma resiliência admirável?

4. Que oportunidades existem em sua vida para que você demonstre as quatro qualidades que caracterizam o domínio da liderança? O que pode fazer ainda hoje para seguir nessa direção?

7

Aceitando os riscos

Existe um desejo quase tão profundo e imperioso quanto o desejo de comer ou dormir. É o desejo de ser grande. É o desejo de ser importante.

– DALE CARNEGIE

A FÓRMULA DE DANCOFF

MAIS DE CINQUENTA ANOS ATRÁS, um importante periódico científico publicou um artigo de Sidney Dancoff. Embora tivesse trabalhado em muitos projetos em física nuclear, incluindo a construção da primeira bomba atômica, Dancoff havia voltado sua atenção para a biofísica (a interseção da biologia com as ciências físicas). No artigo, ele enunciou uma fórmula simples e, ao mesmo tempo, profunda. Embora concebida para descrever processos biológicos em nível microscópico, a relevância da fórmula para todas as áreas de nossa vida era óbvia. Era uma daquelas ideias que nos fazem questionar: "Nossa, como não pensei nisso?"

A fórmula de Dancoff, conhecida como o princípio do erro máximo, pode ser expressa da seguinte forma: o desenvolvimento ótimo ocorre quando um organismo comete o número máximo de erros sem comprometer a sobrevivência. Em outras palavras, quanto mais erros comete, mais se aproxima do seu melhor eu possível, desde que os erros não o matem. Portanto, ao que parece, erros não fatais não são coisas a se evitar. Na verdade, deveriam ser almejados por pessoas que desejam evoluir até seu pleno potencial.

A fórmula não diz, é claro, que os erros serão indolores. Nem que não custarão dinheiro ou que você não perderá noites de sono. Diz, no entanto, que, caso continue tentando, você se tornará alguém melhor. O que certamente é verdade em nível biológico (o foco original da fórmula), mas possivelmente também seja verdade em termos emocionais e até espirituais. Pelo menos é o que um mestre em liderança diria, visto que os mestres em liderança costumam cometer muitos erros na vida. E assim o fazem porque, como todos os líderes, abraçam os riscos. Eles os veem como requisitos básicos para obter vantagens – não só financeiras ou materiais, mas também em seu crescimento como líderes e seres humanos.

UM AGENTE IMOBILIÁRIO INCONFORMISTA À PROCURA DE RISCOS

Um dos mais bem-sucedidos incorporadores imobiliários dos Estados Unidos era famoso por fazer algumas perguntas diretas sempre que alguém lhe apresentava uma proposta. Antes mesmo de qualquer coisa ser dita, sempre perguntava: "Quanto posso perder nesse negócio? Posso me dar muito mal? Qual é a proporção entre os riscos e uma possível recompensa?" Caso não houvesse riscos, ele não precisava ouvir mais nada; já não estava interessado, pois sabia que, como diz o ditado, não existe almoço grátis.

Em outras palavras, se um negócio não lhe parecesse muito lucrativo, não valeria seu tempo e seu dinheiro. Se os riscos fossem baixos e os lucros prometidos fossem altos, sabia que havia algo errado. Para ele, as coisas simplesmente não funcionavam assim no mundo dos negócios, embora muita gente dissesse o contrário. Portanto, para ele, perguntar sobre os riscos era a melhor forma de ir direto ao ponto. Caso soubesse que poderia se dar mal, sua atenção era imediatamente despertada. Ele via a possibilidade de ser eliminado como uma precondição para a possibilidade de um grande sucesso.

Esse incorporador imobiliário aplicava um princípio simples ao entrevistar postulantes a cargos executivos na empresa. Conforme explicou: "A maioria dos indivíduos tenta causar boa impressão. Fazem isso falando sobre seus grandes sucessos. Então, ficam bastante surpresos quando peço que me falem sobre seus grandes fracassos. E é melhor que tenham alguns, caso pretendam ingressar em nossa organização. Se uma pessoa nunca falhou, isso me diz que nunca correu riscos, o que é um mau sinal. A ausência de fracassos significa também que a pessoa nunca teve que se recuperar de nada. Nunca teve que se levantar do chão e voltar ao jogo. Eu não preciso de gente assim. Corremos muitos riscos por aqui e, às vezes, nos machucamos. Quando isso acontece, preciso de executivos que possam nos ajudar a sair do buraco, porque já saíram antes."

LOU NOTO COMPREENDIA OS RISCOS POSITIVOS

Lucio A. Noto, ex-presidente e CEO da Mobil Corporation, é outro líder que pensou muito sobre o papel dos riscos em uma organização de sucesso. Em 1998, quando já trabalhava na Mobil havia mais de trinta anos, a fusão de sua empresa com a Exxon foi anunciada. Nascia, assim, uma das maiores corporações do mundo. Muitos funcionários de ambas as empresas achavam que tinham estabilidade no emprego, mas a fusão tornou demissões e aposentadorias precoces inevitáveis.

Lou Noto não precisou demitir tanta gente, como outras grandes empresas, durante o apogeu do *downsizing*. No total, foram aproximadamente 5 mil trabalhadores, o que representava cerca de 7% da força de trabalho. Encerrado o capítulo das demissões, sua maior preocupação era que as 62 mil pessoas que permaneceram na nova organização começassem a agir de modo seguro, a fim de proteger seu emprego. Era uma possibilidade desastrosa para o CEO, que entendia os aspectos positivos de correr riscos. Como descreveu em uma entrevista, a empresa estava se tornando totalmente orientada para o sucesso, sem entender o que o sucesso de fato exigia. Era como se as pessoas estivessem fazendo projetos de 1.000 dólares para um retorno de 50 dólares.

Risco mínimo é algo que existe, sem dúvida, mas às vezes mesmo empreendimentos de baixo risco não funcionam. Portanto, onde estava a lógica? O que se fazia necessário eram projetos de 1.000 dólares que tivessem uma chance razoável de render, pelo menos, 10 mil, ou mesmo 100 mil. E se houvesse uma chance de fracasso, a Mobil deveria estar disposta a pagar o preço.

Se você espera que as pessoas se tornem líderes, não pode lhes dizer que serão demitidas se não fizerem um gol a cada vez que estiverem com a bola.

Caso queira se tornar um mestre em liderança, você precisa se acostumar a chutar para fora.

QUEM CORRE RISCOS SE ABRE A OPORTUNIDADES

Como o falecido bilionário John Paul Getty escreveu certa vez, há cem pessoas procurando segurança para uma disposta a arriscar a fortuna. A esse respeito, um roteirista bem-sucedido de Los Angeles disse: "Para mim, sucesso significa acesso a oportunidades. Se eu conseguir chegar a um ponto em que tenha uma chance real de fechar um grande negócio, acho que já ganhei. Já posso fazer meu arremesso; se a bola não cair na cesta, talvez a próxima caia. Mas nunca me recrimino por ter errado ou por ter me arriscado." Ele apontou para uma estante cheia de roteiros não produzidos. "Levei pelo menos seis meses para escrever cada um deles. Cada um representa um grande investimento em tempo e esforço. Mas foi um risco que não compensou financeiramente porque não vendi nenhum. Entretanto, penso neles como um sucesso, pois abriram caminho para os que venderam e o dinheiro que recebi pelos que deram certo mais do que justifica os gastos com os outros."

Esse é o tipo de abordagem proativa aos riscos que um mestre em liderança precisa desenvolver. Assim, quando deparar com uma situação de risco, não pense que precisa ser ousado. No entanto, caso haja uma boa chance de sucesso, concentre-se nela, e não na possibilidade de fracasso. Muitas pessoas passam tempo demais preocupando-se com catástrofes imaginárias, o que é perda de tempo e energia. Como disse certa vez um filósofo francês: "Minha vida tem sido cheia de terríveis infortúnios, a maioria dos quais nunca aconteceu."

CORRER RISCOS É UM CONVITE AO DESCONHECIDO

Portanto, faça a si mesmo uma pergunta muito simples: "Até que ponto estou disposto a me arriscar?" A questão não é quantos riscos você está disposto a correr, mas se deseja correr algum risco. Infelizmente, para muitas pessoas, a resposta parece ser negativa. Em seu livro *Impérios da mente*, a autora Denis Waitley faz uma observação interessante sobre a psicologia da avaliação de riscos e sobre os riscos de não correr riscos. Para ilustrar, Waitley conta a história de uma tribo da região amazônica que, por muitos anos, foi acometida por uma doença rara. Um grupo de médicos que fizera contato com a tribo acabou descobrindo a origem do problema: um inseto que infestava as paredes das ocas. A essa altura, havia três opções para os membros da tribo. Eles poderiam: permitir que os médicos borrifassem suas cabanas com um pesticida; construir novas cabanas num local diferente, onde o inseto não era encontrado; ou optar por não fazer nada. Por mais estranho que pareça, a última alternativa foi a que escolheram. Mas, como Waitley destaca, essa resposta pode parecer perfeitamente compreensível para muitas pessoas. Afinal, tanto o agrotóxico quanto a mudança para novas casas envolveriam um confronto com o desconhecido. E ambas as opções também envolviam algum risco. Pesticidas podem fazer mal, e novos problemas poderiam surgir em qualquer outra área que a tribo escolhesse. Dessa forma, os nativos preferiram conviver com o sofrimento e as mortes prematuras a que estavam habituados. Os perigos em potencial lhes pareciam piores que os presentes.

Seria esse comportamento muito diferente do que presenciamos todos os dias em nosso ambiente? Seria muito diferente, por exemplo, do comportamento de indivíduos que se agarram a carreiras que oferecem apenas uma ilusão de segurança ou que vivem a vida inteira a poucos quarteirões do lugar onde foram criados? Eles não permanecem onde estão porque gostam, mas porque em qualquer outro local as coisas seriam diferentes.

USANDO A INTUIÇÃO COMO GUIA

A tolerância zero a riscos é uma das extremidades do espectro de tolerância ao risco. Na outra ponta estão aqueles que não só toleram o risco como nem mesmo o percebem. Pode parecer surpreendente que essa categoria inclua muitas pessoas bem-sucedidas, sobretudo empresários. Esses indivíduos simplesmente não veem suas ideias como passíveis de fracasso.

Pesquisas demonstram que empresários ricos são guiados pela intuição. As escolas de negócios ensinam sofisticadas abordagens matemáticas para análise de riscos, mas os empresários não as usam; para eles, esses métodos são para banqueiros e contadores.

Como líder, você mesmo pode usar esses métodos, escolher um nível de risco aceitável e decidir ficar longe da montanha-russa que muitos empresários escolhem. Todavia, caso se sinta pouco à vontade com qualquer nível de risco, se o *status quo* lhe parece tão precioso que não ousa mudá-lo, deve se perguntar se está realmente decidido a conquistar a maestria da liderança. Pois é um equívoco achar que, se continuar fazendo o que sempre fez, obterá algo diferente do que sempre obteve. Portanto, ou você diminui suas expectativas ou aumenta sua tolerância a riscos em pelo menos alguns graus.

EM AÇÃO

1. Para se sentir à vontade em assumir riscos, você precisa saber em que pé está. Numa escala de 1 a 10, até que ponto você está disposto a assumir riscos (1 significando nada disposto; 10 significando extremamente disposto)?

   1   2   3   4   5   6   7   8   9   10
   Nada disposto   *Extremamente disposto*

2. Para continuar investigando a quantidade de riscos que está disposto a correr, examine suas experiências com riscos no passado. Quais foram os maiores riscos que você correu em sua vida pessoal e profissional? Como os riscos o afetaram, tanto na ocasião em que se apresentaram quanto quando olha para trás e vê a situação sob uma perspectiva de meses ou anos? Escreva seus pensamentos sobre três diferentes situações de risco que vivenciou.

3. Reserve algum tempo para revisar sua vida atual. Em que área você estaria disposto a correr alguns riscos? Eles podem envolver uma mudança de carreira (se for para fazer algo que sempre desejou), oportunidades de relacionamento, hobbies adicionais, viagens, fontes de renda adicionais, empreendimentos empresariais ou qualquer outra área em que você tenha pensado em tomar uma atitude mas talvez tenha receado correr riscos. Liste pelo menos três itens e os avalie. Seja o mais específico possível e estabeleça datas para se motivar ainda mais.

8

Enfrentando a aversão a riscos

Domine suas preocupações e dinamize sua vida.
– DALE CARNEGIE

NESTE CAPÍTULO ANALISAREMOS MÉTODOS de avaliar riscos, de evitar escolhas erradas e de adotar aquelas que têm chances reais de valer a pena. Examinaremos também algumas técnicas que poderão deixá-lo mais tranquilo ao assumir riscos, pois, como líder, você não deve passar noites em claro, dominado por preocupações, e sim aprender a curtir os desafios trazidos pelo sucesso. Por fim, discutiremos como você poderá exercer sua liderança ajudando outras pessoas a fazer o mesmo.

PREOCUPAÇÕES PODEM SER PARALISANTES

Ninguém consegue alcançar alguma coisa – certamente não o domínio da liderança – concentrando a atenção no que pode dar errado. Muitas coisas podem dar errado, mas nada é tão prejudicial quanto se preocupar demais com isso.

Freeman Dyson (1923-2020) foi um dos físicos mais talentosos e reverenciados de sua geração. Além de seu trabalho em áreas como teoria quântica de campos e engenharia nuclear, ele também se ocupou de temas mais prosaicos, como a física das bicicletas. Segundo Dyson, um projeto bem-sucedido como o da bicicleta só foi possível mediante o método de tentativa e erro, visto que projetar um modelo teórico para a operação de um veículo como esse seria um enorme desafio. "É muito difícil entender por que uma bicicleta funciona", declarou ele. Na verdade, se começarmos a pensar no assunto, talvez não consigamos nem dar uma volta no quarteirão. Mas líderes eficazes não ficam pensando em por que as coisas não funcionam. Sabem que há um fator de risco em tudo e uma certa quantidade de fé e mistério até em atividades triviais como andar de bicicleta. Mas isso não os impede de pedalar por aí.

Os riscos são essenciais e, uma vez que você se compromete a aceitar certa quantidade de riscos como um passo em direção à maestria da liderança, existem formas de tornar esse passo mais fácil em sua vida cotidiana. Considere, por exemplo, a probabilidade matemática de um determinado risco se tornar realidade contra o medo associado a ele – por exemplo, a probabilidade de ter problemas com seu supervisor no trabalho.

Para começar, mantenha um registro escrito de quantas vezes a ansiedade tomou conta de você ao longo do dia. Não precisa ser nada elaborado. Basta pegar uma folha de papel e fazer uma marca a cada vez que se preocupar com a possibilidade de brigar com seu chefe. No verso da folha, anote o número de vezes que esse confronto de fato ocorreu. Divida o número de discussões pelo número de pensamentos; o resultado será a probabilidade real que você tem de se deparar com a situação. Mesmo se dispensar o processo matemático, a simples contagem de seus pensamentos negativos poderá ser suficiente para reduzir drasticamente seu número.

A ARMADILHA É TEMER OS RISCOS

E então você perceberá que o problema não é de fato o risco em si, mas o temor ao risco que se intromete em nosso dia a dia. Às vezes, claro, os desafios se materializam. Os líderes simplesmente aceitam esse fato, pois sabem que isso não vai tirá-los do jogo para sempre – e acabará por torná-los mais fortes. O processo pode ser doloroso, mas você precisa conviver com ele e seguir em frente. Entretanto, quando aceita o nível de risco que todo líder tem que aprender a assumir, algumas realidades desagradáveis surgem em sua vida. A Lei de Murphy pode até não ser totalmente precisa – afinal, a fatia de pão nem sempre cai com a manteiga para baixo –, mas Murphy tinha certa razão.

Existem problemas reais no mundo real. A maioria deles tem solução, mas sempre haverá problemas fora de nosso alcance. Aprenda a aceitá-los e vá em frente. Como diz o provérbio: "Os cães ladram, mas a caravana passa." De qualquer forma, não são as circunstâncias que nos fazem felizes ou infelizes. São nossas respostas a elas, nossas reações a elas. Uma vez que não há como evitar o inevitável, lutar contra ele só nos traz desapontamentos e tristezas.

Como escreveu o filósofo William James, aceitar o que aconteceu é o primeiro passo para superar as consequências de qualquer infortúnio. Talvez a Mamãe Ganso tenha colocado isso de forma ainda mais eloquente quando declarou: "Para cada doença que existe há um remédio. Ou não. Se houver, tente encontrá-lo. Se não houver, esqueça."

TRANSMITIR OS PRINCÍPIOS É IMPORTANTE

Como líder, é essencial que você leve esses princípios a sério e os transmita aos outros. Trata-se, na verdade, de um processo em três partes. Em primeiro lugar, deixe bem claro que evitar o fracasso não é o objetivo final. Certamente não é algo que se procura, mas o risco de fracasso é perfeitamente aceitável, desde que a probabilidade de sucesso seja maior. Em segundo lugar, se e quando algo der errado, examine o que aconteceu dentro de um quadro proativo com foco no futuro. Em terceiro lugar, incentive os membros da equipe a assumir riscos novamente se as chances parecerem favoráveis.

Essas diretrizes gerais podem suscitar algumas questões interessantes. Uma jovem chamada Andrea é dona de uma pequena empresa de design gráfico. Recentemente, recebeu uma grande encomenda de uma firma importante. Era um trabalho muito maior do que qualquer coisa que já tivesse feito e exigiria a compra de equipamentos caros.

Para isso, ela precisaria assumir uma vultosa dívida de curto prazo, pois teria que adquirir logo os equipamentos. O cliente, entretanto, só lhe pagaria trinta dias após a conclusão do trabalho. Andrea conversou com o pai sobre a situação. Aposentado após uma longa carreira nos negócios, ele agora era uma espécie de mestre em liderança para a filha. Embora entendesse que comprar a crédito equipamentos que, na verdade, não tinha condições de adquirir no momento fosse algo assustador para Andrea, ele achou que os riscos da transação alegados pela filha eram mais mentais que reais.

É verdade que as coisas podiam dar errado. O cliente poderia desistir do negócio no meio do trabalho, o estúdio de Andrea poderia pegar fogo ou ela poderia levar um forte choque elétrico enquanto operava um dos novos computadores e acabar no hospital. De modo geral, porém, a proposta de negócios pareceu bastante viável para o pai de Andrea. Assim, ela foi em frente. Sua mão tremia enquanto assinava os cheques, mas ela não recuou.

O papel do líder, nesse caso, foi atuar como um princípio de realidade no processo de aceitação de riscos. O pai de Andrea chamou atenção para a diferença entre o que poderia acontecer nos piores pesadelos da filha e o que provavelmente aconteceria. Ao não aceitar o desafio, Andrea com certeza evitaria o risco de ter prejuízo, mas também se afastaria dos riscos razoáveis que são parte fundamental do sucesso.

Steve evita riscos prejudiciais

Algo que se pode considerar como o reverso da história anterior envolveu uma empresa atacadista de joias sediada em Los Angeles. Steve, o proprietário da empresa, viajou à Itália para se encontrar com fabricantes de correntes e pulseiras de ouro. Um deles lhe ofereceu uma grande partida de joias a um preço bem acessível, desde que o valor fosse pago adiantado e em dinheiro. Por um lado, Steve sabia que poderia ter um lucro enorme com a remessa, pois o preço estava muito bom; por outro, o pagamento inicial era mais elevado que tudo o que ele tinha em sua conta bancária. Ele teria que fazer uma segunda hipoteca de sua casa para obter o dinheiro, algo que estava disposto a fazer, já que o potencial de valorização era muito grande. Antes, porém, Steve conversou com um amigo que trabalhava no mesmo prédio em que ficava o seu escritório – o que foi bom, pois o amigo lhe apontou alguns riscos inaceitáveis envolvidos no negócio.

Em primeiro lugar, Steve nunca fizera negócios com aquele fornecedor. Se algo desse errado, seria difícil encontrar a quem recorrer. Um dos altos riscos envolvidos era que, quando o dinheiro fosse encaminhado à Itália, a outra parte ficaria com o montante por certo período antes do envio do produto, e Steve não tinha nada além da promessa do fornecedor de que o embarque seria feito. Além disso, a empresa de Steve estava indo bem.

Seria sensato arriscar parte do seu patrimônio num negócio tão incerto? A conversa com o amigo o trouxe à razão e ele acabou desistindo do acordo. Mais tarde, soube que outro joalheiro aceitara participar daquela transação, e as mercadorias que recebera eram totalmente diferentes das que esperava. O joalheiro adiantara um bom dinheiro e não recebera quase nada em troca.

Ao desistir daquela compra, Steve não foi cauteloso demais. Não buscou evitar um insucesso sem nenhuma base. Apenas se distanciou de uma situação tentadora, mas com muitos riscos inaceitáveis, riscos para os quais esteve temporariamente cego por causa da expectativa de um grande retorno. Ao apontar os enormes riscos envolvidos na operação, o amigo de Steve desempenhou um importante papel de liderança.

APRENDENDO COM DECISÕES ARRISCADAS

Se um risco se concretizar, um líder deve ajudar a esclarecer o que houve de um modo que evite julgamentos punitivos (a menos que alguém realmente tenha agido de forma irresponsável). Não há nada a ganhar apontando o dedo, até porque os próprios mestres em liderança sempre aceitam a responsabilidade por tudo o que acontece sob sua supervisão. Em discussões desse tipo, é importante identificar, com a maior precisão possível, as coisas que deram errado. Quando os riscos se transformam em fracassos, raramente é por conta de pura e simples negligência. Com bastante frequência, esse comportamento resulta de boas intenções impossíveis de serem cumpridas.

Andy, por exemplo, formou-se em uma renomada faculdade de direito e ingressou em uma empresa de elite de Wall Street. Como pagara sua educação com bolsas de estudos e empréstimos estudantis, mal acreditava na quantidade de dinheiro que começava a entrar na sua conta bancária. Como queria pagar suas dívidas o mais rápido possível, determinou-se a trabalhar duas vezes mais que qualquer outro advogado do escritório. Com isso, assumiu muitas responsabilidades cedo demais, tanto em termos financeiros quanto em sua carga de trabalho. Quando começou a cometer erros em algumas de suas atribuições, uma reunião com um dos sócios da empresa o ajudou a colocar o problema em foco.

Os riscos, no caso de Andy, não resultavam de nada que estivesse fazendo errado, mas do fato de que tentava fazer muitas coisas certas. Um bom líder perceberá que isso é uma questão de quantidade em detrimento da qualidade. Portanto, o momento é de redirecionamento e reorientação, não de recriminação. Quando um líder desempenha essas funções com eficiência, todos sentem um entusiasmo renovado.

Pode parecer um chavão, mas a melhor forma de se recuperar de uma queda de cavalo é montar novamente. Isso é algo que os mestres em liderança nunca deixam de comunicar aos seus liderados, não só em palavras como também em ações.

A VIDA PODE SER UMA AVENTURA OUSADA

Agora mesmo, como você lida com riscos e ocasionais falhas suas, de pessoas com quem trabalha ou mesmo de familiares seus? O que você pensa? O que diz? E mais importante: o que faz para se tornar um modelo de aceitação de riscos, desempenho na vida real e resiliência quando as coisas dão errado?

Conforme mencionado anteriormente, o princípio do erro formulado por Dancoff estabelece o seguinte: "A evolução é otimizada por um número máximo de erros consistentes com a sobrevivência." Muitos anos atrás, o filósofo alemão Friedrich Nietzsche expressou uma ideia semelhante numa linguagem um pouco menos técnica: "O que não me mata me fortalece." Mas pode ter sido Helen Keller quem melhor traduziu a abordagem dos mestres em liderança aos riscos e, na verdade, à própria vida: "A segurança é principalmente uma superstição. Ela não existe na natureza... A vida ou é uma aventura ousada, ou não é nada."

EM AÇÃO

1. Preocupações podem causar estresse emocional, físico e mental. Qual é o seu grau de preocupação quando você precisa tomar uma decisão importante? Avalie a si mesmo na escala de 1 a 10 a seguir (1, você se preocupa pouco; 10, você se preocupa muito).

   1   2   3   4   5   6   7   8   9   10
   Pouca preocupação   *Muita preocupação*

2. Preocupar-se muito pode paralisá-lo e impedi-lo de fazer escolhas que poderiam beneficiar sua vida. Escreva sobre algo que atualmente o preocupa. Faça uma lista dos piores resultados possíveis e, em seguida, reflita sobre o que listou. Você poderia lidar com o pior cenário? Muitas vezes descobrimos que, quando imaginamos o pior, a preocupação se torna menos intensa. Pratique esse exercício para superar a preocupação e entrar em ação.

3. Quando estiver para correr um grande risco, é importante pedir a opinião de um amigo sensato ou de um mentor preparado. Faça uma lista de pelo menos três pessoas com as quais você poderá entrar em contato caso precise de conselhos sobre decisões "arriscadas".

9

Liderança inspiradora

Utilize encorajamentos.

– Dale Carnegie

VISIONÁRIOS RESILIENTES

Ao longo de sua carreira, Dale Carnegie gostava de contar uma história sobre seu xará Andrew Carnegie, o fundador da United States Steel Corporation e um dos homens mais ricos da história empresarial americana. Muito antes de ficar rico, Andrew já possuía o dom de inspirar os indivíduos a seguirem os rumos indicados por sua liderança. Não só porque lhes dizia que o fizessem, mas também porque eles queriam fazê-lo.

Quando era um menino de 10 anos na Escócia, seu país de origem, Andrew Carnegie tinha dois coelhos de estimação, um macho e uma fêmea. A natureza seguiu seu curso e, certa manhã, ele descobriu que tinha uma ninhada de coelhos e nada para alimentá-los. Teve então uma ideia brilhante. Reuniu os meninos e meninas da vizinhança e lhes fez uma proposta: se todos os dias colhessem grama, dentes-de-leão e trevos em quantidade suficiente para alimentar os bichinhos, daria aos filhotes os nomes deles. O plano funcionou como mágica, e Andrew aprendeu um princípio importante sobre maestria da liderança e sobre o estilo particular de maestria a ser tratado neste capítulo: a liderança inspiradora.

Andrew Carnegie nunca se esqueceu do episódio com os coelhos e, anos depois, ganhou milhões de dólares usando a mesma técnica no negócio do aço. Querendo vender trilhos de aço para a ferrovia da Pensilvânia, cujo presidente era J. Edgar Thomson, inspirado na lição de sua infância, batizou a enorme usina siderúrgica que havia construído em Pittsburgh de J. Edgar Thomson Steel Works. Mais tarde, quando a estrada de ferro da Pensilvânia precisou de trilhos de aço, onde você acha que J. Edgar Thomson os comprou?

Não é surpresa alguma que esse exemplo de liderança inspiradora tenha origem em um incidente juvenil, pois é o tipo de liderança que desejamos incorporar no início de nossa vida, independentemente da profissão almejada: bombeiro, piloto de avião, médico ou enfermeira. Quando somos crianças e sonhamos com essas profissões, o que realmente queremos ser é um líder inspirador. Queremos ser aquele no qual todos depositam confiança. Queremos ajudar as pessoas. Queremos que nos deleguem responsabilidades e viver de acordo com isso.

UM LÍDER HISTÓRICO INSPIRADOR

A verdadeira liderança inspiradora não é nada menos que um processo milagroso. Entre os líderes verdadeiramente inspiradores encontram-se algumas das pessoas mais admiráveis e notáveis do mundo – e isso não tem acontecido apenas em nossos dias, mas ao longo da história.

Quando Hernán Cortés liderou soldados espanhóis na conquista do México, ele fez algo que expressa claramente a natureza básica da liderança inspiradora. Tão logo desembarcaram no que hoje é o estado mexicano de Veracruz, os soldados viram que todos os seus navios estavam em chamas. Em outras palavras, não havia como retornar. A mensagem de Cortés a seus homens foi muito simples: o sucesso era a única opção. Eles teriam que ser bem-sucedidos, pois seu líder não lhes dera alternativa.

Vale notar que, ao tomarem uma medida como essa, os líderes inspiradores usam métodos vívidos e dramáticos. Cortés não se limitou a ordenar que um de seus subordinados lesse um memorando para as tropas; pelo contrário: expressou seu ponto de vista de forma contundente, o que é uma característica dos líderes inspiradores, como veremos neste capítulo e no seguinte. A mensagem de um líder pode ser igual à de outro líder, mas o modo de transmiti-la define seu estilo de liderança.

DEFININDO O ESTILO DE LIDERANÇA

Johnny Bench teve uma carreira extremamente bem-sucedida como receptor na liga principal de beisebol, jogando pelos Cincinnati Reds. Certa vez, ele definiu o que entendia como liderança inspiradora. Sabendo que conseguia lidar com a pressão, gostava quando seus companheiros de equipe o responsabilizavam tanto pela vitória quanto pela derrota em um jogo. Como Johnny, podemos procurar esse tipo de liderança quando somos jovens e até mesmo nos esforçar para sermos esse tipo de líder. À medida que envelhecemos, porém, muitos de nós não medimos esforços para evitar isso.

E estamos certos, pois nem todo mundo foi feito para ser um líder inspirador. Ao ler este capítulo, você certamente encontrará muito que admirar nas pessoas que enfocaremos. E também poderá descobrir limites que não conhecia para o conceito de liderança inspiradora.

Em suma, o objetivo aqui não é dizer se você deve ou não ser um líder inspirador, mas lhe mostrar exatamente o que é liderança inspiradora e definir seus pontos fortes e fracos. Assim, você poderá decidir se esse tipo de liderança combina com seu temperamento.

O LÍDER INSPIRADOR COMO VENCEDOR

Vamos começar focalizando uma qualidade específica da liderança inspiradora: a sensação de que estamos todos em um jogo, em que há vencedores e perdedores, e que você, como líder inspirador, é definitivamente um vencedor. Se os outros o seguirem e agirem como os encorajou a fazer, eles também vencerão, e todos farão parte de uma equipe vencedora.

No entanto, nem todo mundo vence o tempo todo, e até os líderes mais inspiradores acabam enfrentando contratempos ou derrotas. Na verdade, por conta de sua natureza altamente emocional, mesmo os mais bem-sucedidos líderes inspiradores passam por reveses em suas carreiras. Quando ocorre um ciclo de baixa, uma das características mais interessantes da liderança inspiradora entra em foco: embora esteja ansioso para aceitar a pressão e a responsabilidade pelo sucesso, esse tipo de líder pode não ser capaz de assumir a responsabilidade pelo fracasso. Sua autoestima elevada às vezes não admite a possibilidade de ficar aquém das expectativas. Deve haver outra explicação, e os líderes inspiradores são muito bons em descobri-la antes de partirem para a próxima aventura.

A liderança de Ted Turner

A fascinante carreira de Ted Turner oferece alguns exemplos muito explícitos a esse respeito. Em 1977, Turner venceu a regata a vela da America's Cup com uma embarcação antiga chamada *Courageous*, que parecia não ser páreo para o barco de alta tecnologia da equipe da Austrália. Embora as corridas de veleiros sejam torneios orientados para equipes, Turner transformou aquela competição em um empreendimento altamente pessoal. Isso porque sonhara que a simples força de sua inspiração garantiria a vitória de seu velho barco de segunda mão. Foi exatamente o que ocorreu.

Turner levou o triunfo para o lado pessoal e havia algo infantilmente cativante em sua atitude. Ele simplesmente acreditava que era o maior. E não podia deixar de transmitir essa crença ao mundo ao redor, fosse sua própria equipe, os concorrentes ou a imprensa. Na corrida de 1977, a força dessa crença pode muito bem ter mudado a maré da vitória.

Três anos depois, entretanto, Turner e sua equipe depararam com um tipo muito diferente de liderança ao enfrentarem Dennis Connor. Líder organizacional de primeira categoria, Connor se preparou para a corrida de 1980 com mais horas na água do que o total combinado de todos os outros concorrentes. Depois de subestimar Connor, Turner foi eliminado da competição ainda nas provas preliminares. Foi uma derrota esmagadora e até humilhante para alguém que almejava personalizar a competição, mas ele claramente não se intimidou.

Em contraste com seu entusiasmo com as vitórias, os líderes inspiradores passam pelas derrotas com pouco efeito visível. Ted Turner nunca mais participou de uma regata e até vendeu o barco em que ganhou a lendária disputa de 1977. Todavia, sua convicção de ser um vencedor nato permaneceu absolutamente intacta; ele apenas partiu em busca de outro sonho.

CRIAR, COMUNICAR E PERSEGUIR OS SONHOS

A capacidade de criar, comunicar e perseguir os sonhos é, na verdade, a qualidade que define a liderança inspiradora. Mestres nesse tipo de liderança têm na mente uma imagem clara do futuro. O sonho tem uma realidade tangível. É como o monte Everest: está lá, e o líder vai levar sua equipe ao topo. Os mestres em liderança inspiradora não se limitam a fazer seus sonhos parecerem reais; costumam arrebanhar outras pessoas na busca por esses sonhos, usando a energia de sua personalidade carismática.

Em outras palavras, os líderes inspiradores têm a capacidade de transferir importância e um poder quase mágico a outras pessoas de tal modo que estas sintam como importante o que é importante para eles. Por outro lado, têm uma notória falta de interesse no que outra pessoa pode considerar uma prioridade. Simplesmente não se preocupam com o que está na mente dos outros e em pouco tempo os outros também deixam de se preocupar. É isso que significa transferir importância.

O piloto de um helicóptero paramédico expressou muito bem essa característica numa entrevista para um livro intitulado *Bosses* (Chefes), escrito por Jim Wall. "Você tem que aprender a levar as pessoas até a decisão que deseja", disse o piloto. "Mas elas precisam sentir que a ideia foi delas. Não se trata apenas de dizer a alguém o que fazer; é dizer o que você quer e pretende fazer e conseguir que os outros queiram e pretendam fazer a mesma coisa. É também inspirar a crença de que a meta é realmente possível, que realmente pode ser atingida com a ajuda de uma liderança inspiradora."

Desde o início da história da Microsoft, Bill Gates teve uma visão. Algo que ele via com muita clareza e comunicava com grande entusiasmo. Algo que considerava muito mais importante que qualquer coisa que outros pudessem sugerir. A visão era nítida e simples: um computador pessoal em cada mesa dos Estados Unidos. E, pelo menos quando Gates a apresentava, a imagem de 200 milhões de computadores pessoais em 200 milhões de mesas podia ser inspiradora.

Da mesma forma, quando Steve Jobs e Steve Wozniak criaram a Apple Computer Inc. naquela hoje famosa garagem, ambos eram visionários, mas não tinham exatamente a mesma visão. Wozniak era o mais técnico dos dois; pensava em termos de sistemas operacionais, processadores e memória de discos rígidos. A visão de Jobs era mais realista: imaginava um computador vendido dentro de uma caixa. Simples assim: uma máquina que você compraria como um rádio ou um forno de micro-ondas, levaria para casa, ligaria e ela funcionaria.

Por que essa visão era tão atraente? Porque era simples, de fácil veiculação e – numa época em que os componentes do computador eram comprados um a um – bastante revolucionária. No momento em que Jobs imaginava um computador dentro de uma caixa, os maiores entusiastas da computação eram pessoas com fita adesiva nos óculos. Pessoas como Steve Wozniak, basicamente. Por conhecer de perto indivíduos assim, Steve Jobs sabia que jamais seriam numerosos o suficiente para fazer a revolução com que sonhava. Sabia que teria de alcançar os milhões de pessoas que compunham a maior parte da sociedade, gente que estava acostumada a comprar coisas que vinham em caixas. Assim, analisou a complexa e problemática tarefa de introduzir a computação pessoal nos Estados Unidos e a reduziu a uma ideia simples e literal. O computador teria que vir numa caixa.

Steve Jobs era um mestre em liderança inspiradora. Ele foi capaz de transmitir sua visão e convencer outras pessoas a se engajarem nela tão profundamente quanto ele mesmo. A capacidade de expressar um sonho por meio de uma imagem simples, tangível e realista é essencial para esse tipo de líder. Pense nisso a próxima vez que for chamado a discutir um projeto ou a motivar um grupo de trabalho.

Gerenciamento x liderança autêntica

Robert J. Eaton foi presidente e CEO da antiga Daimler-Chrysler Corporation. A empresa – que chegou a ser a terceira montadora de automóveis do mundo em termos de faturamento total – foi formada em 1998 pela fusão da Chrysler com a Daimler-Benz. No primeiro ano após a fusão, seu lucro líquido superou os 6 bilhões de dólares. Embora tivesse formação técnica, com diploma em engenharia mecânica, Eaton valorizava muito a liderança inspiradora.

Ele acreditava que os requisitos para a administração de uma grande empresa haviam mudado drasticamente nos vinte anos anteriores à sua gestão. Ao descrever essas mudanças, fez uma distinção nítida entre o que chamou de gerenciamento e liderança autêntica. "Um gerente é alguém que pensa principalmente em termos quantitativos, números, unidades, trimestres, anos fiscais. Um líder pensa em termos de pessoas e ideias." No comando da Daimler-Chrysler, Bob Eaton acreditava que deveria dedicar menos tempo ao gerenciamento e mais tempo à liderança. Isso porque os números referentes às empresas mudam tão depressa que se dedicar a eles é quase um exercício de futilidade, sobretudo para um CEO. Simplesmente não há tempo disponível para processar todos os números e acompanhar todos os resultados. Portanto, um líder precisa criar um projeto, crenças e valores. Um líder precisa superar entraves criativos e inspirar as pessoas a realizarem seu potencial (mesmo que não tenham descoberto seu verdadeiro potencial).

Em uma entrevista, Bob Eaton colocou o assunto desta forma: "Um líder é alguém que pode levar as pessoas a um lugar ao qual elas mesmas acham que não podem chegar." Essa é, de fato, uma definição perfeita para a liderança inspiradora.

INSPIRE A SI MESMO PARA INSPIRAR SUA EQUIPE

Quer você seja um gerente sênior ou ainda um aspirante a líder, precisará saber como incentivar o trabalho de equipe em sua organização – uma característica indispensável no mundo empresarial. Formar uma equipe requer mais do que apenas reunir as pessoas certas.

Se você tem o poder de escolher sua equipe, faça uma avaliação dos pontos fortes e fracos dos funcionários para garantir a melhor combinação de talentos. Cerque-se de pessoas boas, mas não de pessoas que sejam boas nas mesmas coisas. Tenha cuidado para não escolher imitações, principalmente de si mesmo. A diversidade é sempre uma coisa boa, desde que os indivíduos queiram e consigam trabalhar juntos.

Às vezes, você pode ser designado para liderar um grupo de pessoas que não têm interesse em integrar uma equipe. Não deixa de ser uma boa chance de testar sua capacidade de liderança. Como poderá criar um ambiente no qual cada indivíduo queira cooperar com os demais? É aqui que a capacidade de inspirar e implementar o trabalho em equipe se torna essencial.

Seguem-se mais alguns princípios para indicar a direção certa.

Considere o quadro geral

Certifique-se de que todos compreendem os objetivos a longo prazo da empresa. Reforce-os sempre que puder. As pessoas podem ficar tão focadas nos problemas do dia a dia e nas tarefas rotineiras que perdem de vista o quadro geral. Assim, enquanto alguns membros da equipe se concentram em apagar incêndios, outros podem passar mais tempo revisando estratégias de longo alcance para prevenir problemas futuros.

Defina os papéis

Defina os deveres e as responsabilidades de todos na equipe. Entender os deveres e prazos uns dos outros sempre ajuda as pessoas a trabalhar em conjunto. Incentive os membros da equipe a dividir tarefas. Eles se sentirão mais responsáveis, e pode até ser que surja algum talento não explorado.

Estabeleça metas

Os membros da equipe precisam desenvolver objetivos individuais e de grupo. Como líder, você pode incentivá-los a definir aspirações realizáveis e mensuráveis, tanto de curto quanto de longo prazo. Com objetivos coletivos orientados para a equipe e um código de ética compartilhado, o grupo começará a se autodirigir. A pressão dos colegas e o orgulho individual contribuirão para promover o desempenho máximo.

Compartilhe informações

Compartilhe o máximo de informações possível para evitar fofocas e boatos. Um boato é um dreno na produtividade e no moral. Conquiste a confiança da equipe com franqueza e honestidade. Durante períodos de mudança ou de crise, revele tudo que puder com rapidez e prometa atualizar os membros da equipe tão logo seja possível.

Adquira confiabilidade

Isso é simples. Mantenha sua palavra. Seja confiável. Se você é um gerente de vendas e promete um dia de folga remunerada se a equipe cumprir determinada meta, cumpra a promessa. Se é um membro da equipe e se dispõe a obter informações para um colega, torne isso uma prioridade. Trate todos os colegas de forma igual e justa e não tenha favoritos.

Preste atenção

Esteja sempre aberto às ideias da equipe, sejam elas apresentadas formal ou informalmente, individual ou coletivamente, e responda-as como for adequado. Muitas organizações gastam centenas de milhares de dólares em consultores sem primeiro perguntar aos funcionários suas ideias sobre produtividade, sobre novos produtos ou sobre redução de custos.

Seja paciente

Se a equipe não parecer unida, dê aos seus membros algum tempo para se entenderem. Observe-os pacientemente, mas com atenção, a fim de verificar se conseguem resolver as diferenças por conta própria. Caso isso não aconteça, talvez precise transferir um ou mais indivíduos para que o sucesso da equipe não seja comprometido.

Ofereça encorajamento

Desafie cada membro da equipe a participar e contribuir, mas faça isso de modo positivo e voltado para resultados. Incentive-os a fazer um treinamento adicional, se necessário, e a ir além de sua zona de conforto a fim de desenvolver seus talentos únicos. Mude com frequência as responsabilidades de cada um. Reconheça os pontos fortes de cada indivíduo e ofereça-lhe incentivo e reforço positivo.

Elogie a equipe generosamente

Recompense as conquistas da equipe como um todo, não seus membros individualmente, e comemore-as com ela. Às vezes uma pessoa sobressai em tudo; reconheça o fato em particular e por meio do processo de avaliação de desempenho. Mas para manter a equipe funcionando, elimine qualquer chance de despertar ciúme e ressentimento. Sempre fale positivamente sobre sua equipe. Exiba seus talentos e reconheça publicamente sua dedicação, seus esforços e seus sucessos.

Mostre entusiasmo

A energia do entusiasmo é contagiante. Seja positivo, otimista e esperançoso. Espere grandes coisas de seus liderados e eles farão o possível para não decepcionar você. Um verdadeiro líder sabe como se concentrar no que está dando certo, mesmo quando tudo parece dar errado.

Torne as coisas divertidas

O espírito de equipe é estimulante e unificador. Assim, reserve algum tempo para conviver com o grupo. Junte-se a eles ocasionalmente para um almoço ou uma happy hour. Ir a eventos esportivos ou de entretenimento também pode ser excelente para elevar o moral. Quando os membros da equipe veem uns aos outros como pessoas interessantes, a cooperação e a disposição para trabalhar duro aumentam naturalmente.

Relaxe

Theodore Roosevelt disse certa vez: "O melhor executivo é o que tem bom senso suficiente para escolher bons indivíduos... e autocontrole suficiente para evitar interferir neles." Portanto, diminua o número de regras o máximo que conseguir; a justificativa "Porque sempre fizemos assim" não é um motivo aceitável em hipótese alguma. Na medida do possível, deixe a própria equipe determinar como trabalhar em conjunto. Horários flexíveis podem aumentar a produtividade, a menos que esteja operando uma linha de montagem. Flexibilidade em todas as regras preexistentes é importante para o sucesso do trabalho em equipe.

Delegue, delegue, delegue

Explique o que precisa ser feito, explique como fazer – e então saia de cena. Melhor ainda, descreva o problema e o resultado desejado e deixe a equipe desenvolver conjuntamente um plano de ação. Confie nela para concluir as tarefas com sucesso e no prazo. Se uma reunião de revisão do projeto foi agendada para a sexta-feira seguinte, resista à tentação de pedir uma atualização na terça-feira. Acredite que a equipe cumprirá o prazo.

Acima de tudo, inspire a equipe!

Quando você estiver no comando de uma equipe, lidere pelo exemplo. Diga "nós" com mais frequência que "eu" – mas lembre-se sempre de que a responsabilidade final é sua. Se alguma coisa der errado, assuma a responsabilidade sem culpar os outros. Quando chegar a hora certa, discuta os problemas calmamente com a equipe.

EM AÇÃO

1. Andrew Carnegie revelou sinais de liderança inspiradora ainda menino. Reflita sobre a própria infância. Você demonstrou algum sinal de liderança nessa fase da vida? Escreva sobre quaisquer iniciativas criativas, inspiradoras ou corajosas que tomou quando ainda bem jovem.

2. Na lista a seguir, selecione as cinco pessoas que você considera mais inspiradoras. Em seguida, descreva resumidamente as características específicas que admira em cada pessoa selecionada.

   Muhammad Ali   *Bill Gates*   *Elvis Presley*
   Warren Buffett   *Jim Henson*   *Christopher Reeve*
   Bill Clinton   *Michael Jordan*   *Eleanor Roosevelt*
   Hillary Clinton   *John F. Kennedy*   *Steven Spielberg*
   Walter Cronkite   *Martin Luther King, Jr.* *Barbara Walters*
   Walt Disney   *Rosa Parks*   *Tiger Woods*

3. Analise as características que listou acima e marque com um ✓ as que você possui. Em seguida, marque com um X as que não possui. Estabeleça um compromisso consigo mesmo e elabore um plano de ação para cultivar as características identificadas como ausentes.

10

O perfil do líder inspirador

*Líderes nunca perdem o foco.
Sempre ficam de olho no panorama geral.*

– Dale Carnegie

AGORA JÁ DEVE ESTAR CLARO QUE UM LÍDER INSPIRADOR é uma espécie de poeta. Líderes inspiradores geralmente não gostam de rotinas. Querem continuar desbravando novos territórios. Podem ser impacientes com detalhes e, comumente, não gostam muito de conversas triviais. Veem-se como protagonistas de um grande drama encenado com outros membros da empresa. Se outorgam a si mesmos as melhores falas, é porque de fato acreditam que elas extrairão o melhor que os outros têm a dar.

Um estilo de liderança que combina bem com conquistas históricas e com as regatas da America's Cup. E também se encaixa na construção de siderúrgicas, como as de Andrew Carnegie, e na administração de empresas multibilionárias.

Para aqueles de nós que não estão engajados em empreendimentos dessa envergadura, a liderança inspiradora apresenta um desafio especial. Você pode estar no ramo de móveis infantis ou administrando uma pet shop num shopping center da periferia. Não importa a atividade. Qualquer que seja, você deve ser capaz de ver a si mesmo em grande escala se deseja ser um líder inspirador.

O maior desafio no domínio da liderança inspiradora é a capacidade de bancar o herói. Se deseja inspirar, você quer ter a bola na marca do pênalti no último minuto do jogo. Você acredita que é uma estrela do rock, mesmo que esteja ao telefone, e não num palco. Agarre-se a essa visão.

No livro *Como nadar entre os tubarões sem ser comido vivo*, que se tornou best-seller mundial, Harvey Mackay conta as lições que aprendeu quando dirigiu uma fábrica de envelopes em Minneapolis, Minnesota. O desafio aqui não é localizar tesouros submersos, mas reter os clientes quando um concorrente reduz o preço unitário da mercadoria. A genialidade de Mackay está em fazer o negócio de envelopes soar como a invasão da Normandia. Ele consegue fazer isso na página impressa porque também o faz na vida cotidiana. E sabe comunicar suas ideias aos outros porque realmente acredita nelas.

LÍDERES INSPIRADORES SÃO EXTRAORDINÁRIOS

O cerne da liderança inspiradora é a sensação de que as coisas estão acontecendo em uma escala épica. Você tem capacidade para ver suas experiências assim? O que de fato é empolgante no seu trabalho, na sua organização e nas pessoas envolvidas nela? Que coisas realmente emocionantes ocorreram sob sua liderança? Quem foram os heróis dessas histórias e quem foram os vilões? Quando você se dispõe a pensar em seu mundo desse modo, está começando a pensar como um líder inspirador.

Paul Messner é dono de uma pequena empresa de design gráfico em Sacramento, Califórnia, cujos negócios, em sua maioria, são feitos com organizações locais que publicam anúncios em jornais e revistas. Em relação ao tamanho, a empresa de Paul é muito bem-sucedida. Embora nunca tenha participado de nenhuma campanha publicitária em âmbito nacional nem tenha tido qualquer projeto veiculado nos grandes veículos jornalísticos do país, Paul dominou a arte da liderança inspiradora. Independentemente do número de funcionários que tem ou de sua renda bruta no fim do ano, o negócio de Paul é grande porque ele o vê como grande.

Quando Paul contrata alguém, passa meia hora conversando em particular com o novo funcionário. A conversa é sempre a mesma, mas tem tanto significado para ele que a experiência parece nova. Isso porque a história que ele conta define os objetivos da empresa. À primeira vista, não parece nada surpreendente: Uma convenção iria ocorrer na cidade de San Diego. A empresa de Paul imprimira alguns folders e livretos que seriam distribuídos durante o evento. O trabalho correra bem e o material fora encaminhado à gráfica bem antes do início da convenção, agendado para uma manhã de sábado. Foi um choque, portanto, quando um dos organizadores da convenção telefonou para a firma de Paul na sexta-feira à tarde. Onde estavam os folders e os livretos? Rapidamente, Paul verificou que a gráfica concluíra o trabalho dentro do prazo, mas o enviara, por engano, pelo correio normal e não pelo correio aéreo. Não havia como o material estar em San Diego de manhã cedo, quando a convenção teria início. Toda a publicidade e todo o material impresso seriam desperdiçados. Se alguma coisa naquele ramo de trabalho podia ser chamada de catástrofe, era aquilo. Estritamente falando, a culpa era da gráfica. No entanto, Paul se sentia responsável. Assim, embora já fosse noite, ele intimou a gráfica a reimprimir imediatamente o trabalho. Ela levara mais de uma semana para imprimir a primeira leva, mas Paul manteve as coisas funcionando ao longo da noite. E mais: quando o material ficou pronto, colocou tudo em seu caminhão e dirigiu até San Diego. Chegou à cidade ao nascer do sol.

Após ouvir essa história, tantas vezes contada por Paul, o novo funcionário fica com a impressão de que está ingressando em uma empresa que pode alterar o curso da história. Um líder inspirador pode fazer as pessoas se sentirem assim. Não se trata de uma questão de técnica; é paixão, compromisso e muita emoção. É transformar algo como design gráfico em algo como uma cirurgia cardíaca de emergência.

A esperança é que, ao ler esses relatos, você comece a sentir um pouco da empolgação que faz parte de um líder inspirador.

AS PRESSÕES QUE ACOMPANHAM A LIDERANÇA INSPIRADORA

Por mais que os líderes inspiradores doem às pessoas, eles devem estar preparados para ir além. Psicologicamente falando, eles podem se tornar pais substitutos para os membros de sua equipe. Em outras palavras, precisam ser o porto seguro para todos os tipos de esperança, sonho, medo e hostilidade irracional. Um líder inspirador jamais poderá usar essa dinâmica contra as pessoas nem as punir por seu investimento emocional, que é a base da eficiência de um líder. Sob esse tipo de pressão e escrutínio, portanto, não é de estranhar que muitos líderes inspiradores acabem abandonando esse papel.

Ao longo da história, a liderança inspiradora tem sido comumente entendida como qualidade perecível e transitória. Quando as crises militares ou políticas ocorriam na Roma Antiga, um indivíduo altamente carismático recebia poderes quase ditatoriais. Mas só até a resolução do problema. Da mesma forma, tribos nativas americanas nomeavam líderes temporários para lidar com situações específicas. Pareciam reconhecer que os líderes inspiradores podem brilhar intensamente, mas não por muito tempo.

É importante estar ciente das muitas pressões exigidas por esse tipo de liderança. Certifique-se de que está preparado para aceitá-las e viver de acordo com elas.

DELEGAÇÃO COMO ESTRATÉGIA DE INSPIRAÇÃO

Os líderes se valem de muitos meios para comunicar ideias aos membros da equipe. As possibilidades vão desde simplesmente dizer às pessoas o que fazer até abordagens mais colaborativas. Várias dessas possibilidades são descritas pelo *Continuum* de Liderança de Tannenbaum-Schmidt, assim chamado em função de dois pesquisadores que trabalharam na década de 1970.

Ao examinarmos os princípios de Tannenbaum-Schmidt, devemos nos lembrar de um fato importante: independentemente de quanta responsabilidade e liberdade um líder possa delegar a uma equipe, ele deve permanecer responsável por quaisquer problemas importantes que surjam. Delegar liberdade e poder de decisão não o exime da responsabilidade final. Por esse motivo, o processo de delegação requer um líder maduro, livre de necessidades baseadas no ego. Se tudo correr bem, a equipe deve obter o crédito. Mas se tudo der errado, o líder precisa assumir a culpa.

Eis os níveis de Tannenbaum-Schmidt para a delegação de liberdade e poder de decisão:

NÍVEL UM: O líder toma decisões sozinho e anuncia o curso de ação a ser seguido.

Neste nível, após revisar as opções à luz de prioridades, recursos e prazos, o líder decide o que fazer e simplesmente informa sua decisão à equipe.

Embora possa ter incluído a reação da equipe no processo decisório, a equipe em si não tem papel ativo na decisão. Ela precisa estar ciente e aceitar o fato de que o bem-estar do grupo é algo relativamente menor na hora de se decidir o resultado final. Esse pode ser o caso, por exemplo, de organizações militares, sobretudo em situações de combate.

NÍVEL DOIS: O líder decide e explica sua decisão ao grupo.

Assim como no nível um, o líder toma decisões sozinho, mas, neste caso, explica os motivos do rumo a ser seguido, destacando os benefícios para a organização, seus clientes e para os próprios funcionários. Por conseguinte, os funcionários passam a vê-lo como alguém que reconhece a importância deles e que se preocupa com seu bem-estar.

NÍVEL TRÊS: O líder acompanha a decisão com informações adicionais para a equipe e se dispõe a responder a perguntas.

A equipe é convidada a fazer perguntas e a discutir com o gerente os motivos da decisão. Esse arranjo permite que a equipe compreenda e concorde com a decisão mais facilmente que nos níveis um e dois. O objetivo é que a equipe avalie os motivos da decisão e as implicações das diversas alternativas. O resultado pode ser um nível mais alto de motivação, por conta do maior envolvimento da equipe.

NÍVEL QUATRO: O líder toma uma decisão provisória e convida a equipe a discuti-la.

O líder explica e discute a decisão provisória com a equipe, informando que levará em conta a opinião de todos antes de tomar uma decisão final. Esse posicionamento permite que a equipe disponha de certo grau de influência sobre o resultado final. Este nível de liderança reconhece que a equipe pode fazer contribuições valiosas para o processo decisório.

NÍVEL CINCO: O líder expõe a situação ou o problema antes de tomar uma decisão provisória.

A equipe é encorajada a oferecer ideias e opções logo no início, bem como a discutir as implicações das diferentes linhas de ação. A partir daí, o líder decide qual ação tomar. Este nível é o mais apropriado quando a equipe tem um conhecimento mais detalhado ou mais experiência que o líder nos assuntos em pauta.

NÍVEL SEIS: **O líder explica a situação, define os limites e pede à equipe que tome a decisão.**

Neste nível, o líder de fato delega à equipe a responsabilidade pela decisão, embora dentro de limites claramente expostos. Ele pode decidir participar (ou não) da equipe. Embora este nível pareça delegar uma enorme responsabilidade à equipe, o líder controla os riscos e resultados da decisão até certo ponto. Este nível requer uma equipe madura, profundamente comprometida com o líder e com o sucesso da organização.

NÍVEL SETE: **O líder permite que a equipe identifique problemas, apresente possíveis soluções e proponha medidas a serem tomadas.**

Este é o nível mais alto de liberdade que se pode conceder a uma equipe. Antecipadamente, o líder declara que respaldará a decisão do grupo e contribuirá para implementá-la. A equipe recebe, então, a responsabilidade de analisar a situação ou o problema, em seguida avalia as opções existentes e implementa uma linha de ação. Caso o líder decida participar das discussões, sua autoridade não é maior que a dos demais no processo decisório. Neste nível, a equipe precisa ser competente e capaz de pensar e agir em nível estratégico.

INSPIRANDO MEDIANTE PERGUNTAS

Ian McDonald, de Joanesburgo, África do Sul, era gerente-geral de uma pequena fábrica de peças para máquinas de precisão. Quando surgiu a oportunidade de aceitar uma encomenda bastante grande, achou que não conseguiria cumprir o prazo de entrega estipulado. O cronograma de trabalho já em andamento na fábrica e o pouco tempo disponível para a entrega dos produtos o levavam a pensar que seria impossível aceitar o pedido. Contudo, resolveu fazer uma tentativa. Em vez de obrigar os funcionários a acelerarem o ritmo de trabalho para acomodar a encomenda, decidiu fazer uma reunião com todos e expor a situação. Informou-lhes quanto aquele pedido significaria para a empresa – e para eles pessoalmente – caso pudessem atendê-lo dentro do prazo.

Após explicar a situação, começou a fazer perguntas. Há alguma coisa que a gente possa fazer para aceitar essa encomenda? Alguém pode pensar em um processo de fabricação diferente que nos permita encaixá-la? Ou em algum ajuste nas nossas horas de trabalho ou nas tarefas já designadas? Os funcionários contribuíram com várias ideias e insistiram para que ele aceitasse o pedido, em uma atitude de "Podemos fazer isso". Assim, a encomenda foi aceita, produzida e entregue dentro do prazo.

Fazer perguntas estimula a criatividade das pessoas envolvidas. Além disso, ao participar da tomada de decisões e da busca de soluções, as probabilidades de aceitarem uma ordem é maior.

Ian McDonald inspirou sua equipe a encontrar soluções para um problema aparentemente insolúvel. Sua capacidade de arrancar soluções mágicas de seus funcionários era incrível. Anteriormente vimos também como Ted Turner lidava com súbitas mudanças na sorte; quando a magia o abandonava em algum empreendimento, ele apenas se desligava e ia fazer outra coisa. Embora, nesses momentos, seus colaboradores pudessem se sentir abandonados, para um líder como Turner isso talvez fosse um passo necessário à própria sobrevivência. E até involuntário. Por sua natureza, a vida dos líderes inspiradores é como um percurso numa montanha-russa – assim como a vida das pessoas que eles lideram.

No próximo capítulo analisaremos um tipo muito diferente de líder, provavelmente muito mais comum no alvorecer do século XXI. Quando Louis V. Gerstner Jr., por exemplo, assumiu a direção da IBM, a empresa se encontrava em uma longa trajetória descendente. Falava-se em desmembrar a organização, que seria grande demais e difícil de controlar. Em meio a conversas sobre desmembramento, pediram a Gerstner que descrevesse a visão que tinha da empresa. Sua resposta teria feito um líder inspirador se encolher. "Eu não tenho nenhuma visão", disse Gerstner. "A última coisa que a IBM precisa neste momento é de uma visão." E, em vez de inspirar as equipes com alguma retórica idealista, uma das primeiras medidas de Gerstner foi banir o uso de projetores nas reuniões de funcionários. Isso se mostrou uma medida eficaz, uma vez que a ideia era que as pessoas apenas conversassem em vez de prestar atenção em imagens, mas dificilmente inspiradora. Na verdade, foi uma medida organizacional. O domínio da liderança organizacional é o tópico do próximo capítulo.

EM AÇÃO

1. Com base nos exemplos apresentados, faça uma lista com os aspectos positivos e negativos da liderança inspiradora.

2. Faça uma lista de pessoas que você acha que pode inspirar. Depois, crie um plano de ação para fazer isso.

3. Reserve pelo menos cinco minutos por dia, na próxima semana, para visualizar a si mesmo como um líder inspirador. Veja-se nesse papel com o máximo de detalhes possível. Escreva sobre quaisquer ideias ou revelações que tiver durante o exercício.

11

Liderança organizacional

Quando for chamar atenção para os erros das pessoas, faça isso particularmente.

– DALE CARNEGIE

LÍDERES ORGANIZACIONAIS OLHAM PARA DENTRO

NO CAPÍTULO ANTERIOR falamos sobre líderes inspiradores, que em muitos aspectos lembram estrelas do rock: sentem-se mais à vontade no palco, levando a multidão a novos e elevados níveis de paixão e devoção. Líderes inspiradores são capazes de obter enorme sucesso e até chegar ao topo, da mesma forma que podem cair de modo rápido e doloroso. De modo geral, porém, gostam de correr riscos. Neste capítulo abordaremos um tipo muito diferente de liderança: o organizacional. Se os líderes inspiradores são como estrelas do rock, os organizacionais são como executivos de estúdios musicais ou agentes teatrais. Eles não buscam adulação nem aplausos e, não raro, sentem-se pouco à vontade sob holofotes. Não gostam do escrutínio nem das críticas que rodeiam tanto o sucesso quanto o fracasso espetaculares. A recompensa dos líderes organizacionais é contemplar as sólidas fundações que estabeleceram e deixar que outros liderem o cortejo no mundo exterior.

Lou Gerstner, por exemplo, é um excelente executivo e especialista em recuperação corporativa. Quando se tornou CEO da IBM (numa época em que já havia planos para desmembrar a outrora orgulhosa empresa), Gerstner fez algo que teria sido tabu para muitos líderes empresariais do passado. Não fez nada, pelo menos não imediatamente.

Embora tenha se descrito como intenso, competitivo, focado, contundente e duro, Gerstner poderia ter acrescentado comedido e realista. Em uma entrevista coletiva, recusou-se a revelar a visão que tinha da IBM. Na verdade, disse que não tinha nenhuma. Entretanto, de forma bastante previsível, fez um enxugamento na empresa e começou a reorientá-la para o atendimento ao cliente. Também proibiu o uso de projetores durante as reuniões. Embora, de modo geral, essas medidas tenham melhorado a comunicação, dificilmente poderiam ser interpretadas como um grito de guerra. Ainda assim, Gerstner acabou viabilizando metas de longo prazo para a IBM, e o sucesso que obteve fala por si mesmo.

A QUEDA DA PIRÂMIDE CORPORATIVA

Assim se define um líder organizacional: alguém cuja hora definitivamente chegou. No passado, seja cinquenta ou quinhentos anos atrás, as grandes organizações tinham o formato de pirâmides. Um número expressivo de pessoas se acumulava na base. As camadas superiores eram ocupadas por supervisores, gerentes e assim por diante, em ordem hierárquica crescente. Ou seja, cada camada acima tinha mais autoridade que a de baixo.

Essa estrutura piramidal ia subindo cada vez mais até atingir seu ápice: o patamar onde o rei, o general, o CEO, o presidente do conselho e o conselho de administração se sentavam, e onde o clássico líder inspirador também se sentia mais confortável. Seria essa a melhor forma de estruturar uma organização? Talvez fosse, muitas vezes e em muitos casos, sobretudo quando a liderança era adequada. Até bem recentemente, no entanto, ninguém de fato se preocupou em perguntar se seria a melhor. A organização em forma de pirâmide era simplesmente o que existia.

No século XXI, muitas dessas pirâmides ruíram. Fronteiras, fileiras e linhas de demarcação estão evaporando continuamente. A cada dia que passa, novas tecnologias igualam o acesso à informação e tornam obsoletas as rígidas burocracias. Você não precisa mais ter voz grave e grandes bíceps para ser um líder. Basta ser rápido, flexível e ter uma ideia pioneira.

Líderes organizacionais convivem bem com essas mudanças. Sua autoridade não depende de força ou personalidade, e suas prioridades são a solidez e o sucesso da organização. Eis por que os líderes organizacionais se sentem à vontade com a redução de pessoal; às vezes são até implacáveis. Na verdade, em sua versão extrema, o líder organizacional empregaria tanto três quanto três mil pessoas se isso melhorasse os resultados financeiros. O que pode ser um erro grave, como discutiremos ainda neste capítulo. No entanto, até o líder organizacional mais moderado coloca a lucratividade em primeiro lugar, ainda que lhe traga menos glória. Cadeias de comando rígidas sufocam a criatividade e o desenvolvimento de novos produtos ou serviços, o que pode enfraquecer qualquer organização. Os líderes organizacionais levam essa perspectiva muito a sério. Querem que sua empresa, sua escola ou seu time de futebol funcione do modo mais tranquilo e eficiente possível. Criar organizações otimizadas está na natureza deles.

COOPERAÇÃO É FUNDAMENTAL

Se esse é seu estilo de liderança, você deseja que as pessoas tenham liberdade para fazer o melhor que puderem. Assim, dará boas-vindas a mudanças que eliminam a antiga rigidez, enquanto lamenta os muitos anos em que se viu forçado a refrear seus talentos. Peter Drucker, renomado autor de manuais de gerenciamento, expressou perfeitamente o ponto de vista do líder organizacional quando disse: "A organização moderna não pode ser uma organização de chefe e subordinado. Precisa ser estruturada como uma equipe." O CEO de uma grande empresa multinacional foi ainda mais sucinto ao declarar: "O caubói solitário não é mais viável."

Como líder organizacional, você desejará eliminar não só rivalidades departamentais como também os próprios departamentos, se isso contribuir para o sucesso da empresa. Da mesma forma, desejará livrar-se de promoções automáticas, aumentos de salário com base em formas antigas e de outros vestígios improdutivos dos velhos tempos. Nas tradicionais empresas piramidais, os engenheiros passavam o dia ao lado de outros engenheiros, e contadores, ao lado de outros contadores. Gerentes de nível médio raramente interagiam com o CEO ou com o encarregado do setor de expedição.

Um líder organizacional, no entanto, não hesita em incorporar um engenheiro a um grupo de vendedores para tornar o produto mais atraente, ou a um grupo de operários para encontrar um meio mais viável de fabricá-lo. Ou, ainda, pode lhe pedir que use sua experiência técnica no sentido de resolver um problema de marketing.

Em grupos ecléticos desse tipo, é quase impossível determinar quem é o que na hierarquia corporativa. Como Peter Drucker destacou, o mundo não está mais organizado numa cadeia de comando semelhante à de um exército, com seus soldados rasos, oficiais e sargentos instrutores. E os líderes organizacionais atualmente sabem muito bem disso. Os exércitos sempre foram organizados segundo um paradigma de comando e controle, e as organizações tradicionais simplesmente copiavam esse modelo.

FORMANDO EQUIPES HORIZONTAIS

Hoje, com a liderança organizacional indicando o caminho, os grupos são estruturados mais como equipes de futebol ou de tênis do que como divisões de infantaria. Cada membro da equipe está agora habilitado a participar da tomada de decisões. Os funcionários precisam ver a si mesmos como executivos e operários. Os mestres em liderança organizacional sentem-se à vontade com isso. Não se importam em entrar nas trincheiras, desde que isso sirva para reforçar o grupo.

Essas organizações horizontalizadas estão sendo adotadas em todas as áreas, de siderúrgicas a instituições educacionais. Como o diretor de uma escola primária da Costa Leste destacou: "Agora existem incentivos reais para formar equipes e liderar as pessoas de uma perspectiva horizontal em vez de uma perspectiva vertical." Há muito menos ênfase em comissões, pagamentos por horas extras e outros incentivos. A força da organização e o próprio desempenho são a recompensa da equipe. No entanto, esse tipo eficaz de trabalho em equipe não ocorre da noite para o dia. O líder precisa de habilidades únicas para fazê-lo acontecer.

A liderança organizacional usa recursos muito diferentes do antigo discurso encorajador de vestiário. Pode ser que ainda funcione nas mãos de pessoas excepcionalmente talentosas, mas há cada vez menos delas. Bill Gates, metido em seu cardigã, e Steve Case, em suas calças cáqui, são os modelos agora. Pouquíssimos entre os novos mestres em liderança organizacional ficariam à vontade usando calções e chuteiras.

OS INGREDIENTES ESSENCIAIS DA LIDERANÇA ORGANIZACIONAL

Qualquer organização, em primeiro lugar, é um grupo de pessoas que compartilha um propósito. Alimentar essa ideia é a tarefa mais importante de um líder organizacional. Pessoas trabalhando juntas podem realizar coisas extraordinárias, mas como parte de uma organização bem projetada são capazes de realizar quase qualquer coisa. A essência de uma organização assim é a visão unificada de seus membros. Uma vez que essa visão esteja incorporada, as ideias e a inovação partirão da própria equipe. Obviamente, o líder ainda desempenha um papel essencial: deve dirigir e concentrar toda essa energia, mantendo a equipe informada sobre como seu trabalho afeta a organização, seus clientes e o mundo exterior como um todo.

O presidente de uma empresa de eletrônicos de médio porte descreveu bem o que isso significa: "Você tem que criar o ambiente emocional e intelectual; precisa se concentrar no objetivo da organização, além de proporcionar o estímulo necessário para que os indivíduos se considerem como integrantes de uma equipe de excelência."

DESTACANDO O DESEMPENHO DO GRUPO SOBRE O DESEMPENHO INDIVIDUAL

Reconhecimento, feedback e propósito compartilhado tornam isso possível. Esses três elementos são tudo o que o líder precisa oferecer. Embora criar uma noção compartilhada de propósito seja um elemento-chave da liderança organizacional, há outro modo de chegar ao mesmo resultado: os líderes devem deixar claro que tanto o sucesso como o insucesso são uma experiência de grupo. A menos que toda a equipe vença, ninguém vence. Recordes individuais são ótimos para livros de história ou almanaques, mas estão absolutamente fora de lugar nas organizações mais competitivas de hoje.

Os líderes organizacionais acreditam que o mais importante – na verdade, a única coisa importante – é o desempenho de toda a equipe. Se as pessoas estiverem comprometidas com essa ideia, seu desempenho é contagiante. "Um dá força ao outro", diz um CEO. É mais como disputar a Copa do Mundo do que trabalhar em uma linha de montagem. Há um nível de energia totalmente diferente, um novo tipo de intensidade coletiva.

As pessoas precisam se sentir importantes. Se esse sentimento lhes for negado, elas não se esforçarão muito no projeto em andamento. Portanto, um líder organizacional eficiente permite que a maioria das decisões passe pelo grupo. Como líder organizacional, deixe as ideias fermentarem em todos os membros da equipe. Não dite soluções. Não insista em fazer as coisas de determinado modo.

Uma pequena fábrica de Cleveland é um bom exemplo. Essa empresa vivenciou o seguinte problema: um pedido muito grande estava sendo negociado, mas o comprador insistia em uma data de entrega aparentemente impossível. O presidente da empresa poderia ter imposto uma solução de cima para baixo, porém, em vez disso, pediu a uma equipe de funcionários que apresentasse uma solução. A resposta deles foi: "Se adiarmos algumas outras coisas, conseguiremos cumprir o prazo." E foi o que aconteceu. Se o presidente tivesse tomado a decisão, teria provavelmente recusado a encomenda – ou irritado seus funcionários aumentando sua carga de trabalho sem consultá-los. Como os próprios funcionários fizeram a escolha, entretanto, foi uma decisão coletiva. Com o grupo no leme do navio, o resultado foi positivo.

RECONHECENDO A CONTRIBUIÇÃO COLETIVA

Talvez seja por isso que os mestres em liderança organizacional usam as palavras *nós* e *nosso* muito mais do que *eu* e *meu*. E sempre enfatizam a contribuição de todos. Se o publicitário faz um ótimo trabalho mas o especialista em embalagens falha, a coisa não funciona. Se o diretor de marketing der um passe excelente mas o pessoal de produção chutar a bola para fora, o time inteiro sai perdendo. Quando todos contribuem com o melhor de suas qualificações, desde a pessoa que atende o telefone até aquela que assina os cheques, a vitória é de todos.

Se os líderes fizerem seu trabalho corretamente, há uma qualidade quase paradoxal nesse tipo de esforço coletivo, pois a individualidade dos membros da equipe permanece intacta de certa forma. Todos ainda têm habilidades diferentes. Todos ainda têm uma personalidade única. Todos ainda têm diferentes esperanças e medos. Líderes organizacionais talentosos reconhecem essas diferenças, sabem apreciá-las e as usam em benefício do grupo. Eles acreditam firmemente em cada membro da equipe e estão dispostos a expressar essa crença sempre que possível.

Quando erros ocorrem, os bons líderes organizacionais evitam culpar um indivíduo. Caso haja um problema, falam em particular com os membros da equipe a respeito de como os resultados podem ser melhorados. Não destacam pessoas nem falam sobre o elo fraco da cadeia. Quer se trate de uma turma do ensino médio, uma fábrica ou uma diretoria corporativa, o objetivo do líder organizacional é otimizar o desempenho por meio da construção do espírito de equipe. O grupo é incentivado a definir os próprios padrões, e seus membros se dispõem a cumpri-los. Sentem-se bem consigo mesmos quando obtêm sucesso e seus esforços se tornam ainda mais concentrados.

O LÍDER COMO PRESENÇA CONSTANTE

Esses fatores, é claro, acabam se expressando nos resultados da organização. Mas para isso o líder deve ser uma presença constante. Em empresas antiquadas, no estilo pirâmide, era fácil para o chefe permanecer um pouco afastado. Tudo isso mudou nas organizações mais eficazes dos dias de hoje. Os líderes precisam estar fisicamente presentes, além de intelectual e emocionalmente sintonizados.

O presidente de um grande hospital em Long Island diz que aprender a ouvir pode demorar um pouco, mas, se treinar bastante, você desenvolverá uma ótima percepção de tudo o que acontece ao redor. É como estar no convés de um porta-aviões com todas aquelas aeronaves pousando e decolando. Cada uma delas é muito importante para você e, ao mesmo tempo, o navio deve permanecer no curso e ser protegido de ataques. Com o tempo, você acaba aprendendo a calcular tudo isso junto.

Os líderes organizacionais estão cientes de pelo menos dois objetivos que devem ser alcançados constantemente com cada membro da equipe. O primeiro é o cumprimento bem-sucedido do trabalho em pauta. O segundo é que cada trabalho seja também uma experiência de treinamento que produza, no futuro, um desempenho ainda melhor e uma responsabilidade ainda maior. Em outras palavras, os líderes devem fortalecer a organização desenvolvendo novos negócios, concluindo os trabalhos a tempo e aprimorando os talentos de todos os membros da organização. O colunista político Walter Lippmann expressou esse princípio de forma eloquente: "O teste final dos líderes é ter transmitido a outros a vontade de seguir em frente."

Em suma, os líderes organizacionais se responsabilizam verdadeiramente pelo desenvolvimento e pela carreira de todos os membros da equipe.

FAZENDO AS PERGUNTAS CERTAS

"Você gostaria de se aprimorar?", deve perguntar frequentemente o líder. "Para onde você quer seguir com sua carreira a partir daqui? Que tipo de nova responsabilidade você gostaria de assumir?" É função do líder fazer essas perguntas e agir de uma forma que ajude os membros da equipe a atingir seus objetivos. Em outras palavras, você precisa mostrar que confia nas habilidades deles. Deve estabelecer padrões para a organização atingir ou superar e demonstrar publicamente sua gratidão quando isso ocorrer. Lembre-se: para um líder organizacional eficaz, o sucesso da equipe é tão importante quanto o sucesso pessoal. Qualquer outra coisa é inaceitável. A maior recompensa que esses líderes podem alcançar é inspirar, orientar e modelar um grupo de indivíduos talentosos, confiantes, motivados e cooperativos, que, por sua vez, também já estão prontos para liderar.

REUNIÕES: IMPOSSÍVEL VIVER COM ELAS, IMPOSSÍVEL VIVER SEM ELAS

As reuniões são, na verdade, uma atividade empresarial muito cara, já que o custo por participante é levado em consideração. Por essa razão, precisam ser bem administradas e bem conduzidas. Reuniões mal administradas desperdiçam tempo, dinheiro e recursos – e são muito piores do que nenhuma reunião.

A necessidade de reuniões organizadas e produtivas tornou-se ainda mais essencial por conta dos crescentes aumentos no tempo de trabalho e do fato de que os membros de uma organização nem sempre estão no mesmo local e, às vezes, nem no mesmo país. Felizmente, as novas tecnologias oferecem alternativas às reuniões presenciais. Conferências por telefone e videoconferências, por exemplo, costumam economizar tempo e dinheiro.

Ainda assim, sempre poderá haver limitações técnicas nas reuniões virtuais, sobretudo quando a conexão de vídeo ou áudio é perdida no momento em que o líder da reunião está prestes a fazer uma observação importante.

Líderes eficientes escolhem tipos de reunião que sejam apropriados para as circunstâncias. A presença física é realmente necessária? Os líderes devem explorar opções como ligações telefônicas e videoconferências antes de decidir que uma reunião presencial é necessária.

Uma reunião presencial, no entanto, é a melhor opção para transmitir sentimentos e significados. Para assuntos muito sérios, deve ser sempre a primeira opção. Significados e sentimentos podem ser perdidos ou confundidos quando as pessoas não estão fisicamente na mesma sala. Tentar economizar tempo e dinheiro com reuniões virtuais para assuntos realmente importantes costuma ser contraproducente. Pode, ainda, ser injusto com os membros da equipe se o tema a ser discutido afetar significativamente seu futuro ou bem-estar.

Uma reunião bem conduzida é uma oportunidade única por duas razões: em primeiro lugar, porque oferece uma chance de alcançar um resultado que beneficie a organização como um todo; em segundo, porque também permite beneficiar individualmente cada membro da equipe. Os líderes devem conduzir todas as reuniões tendo em mente esses dois objetivos – diferentes, mas compatíveis.

Ao final de uma reunião bem-sucedida, seja qual for o tópico, todos os itens da agenda devem ter sido cobertos. E tanto o líder quanto os membros da equipe precisam sentir que suas necessidades individuais foram atendidas.

Componentes de uma reunião

Como líder, suas decisões sobre a estrutura e o estilo de uma reunião efetiva depende de certos fatores, entre os quais:

- A situação específica, incluindo background, preocupações futuras e urgência.

- O contexto organizacional, incluindo implicações e necessidades para você, sua equipe e a organização.

- A necessidade e os interesses dos participantes.

- Suas necessidades e seus interesses, assim como sua autoridade, autoconfiança e outras qualidades próprias da liderança.

Na verdade, as reuniões terão sempre mais de um objetivo. Além das preocupações específicas dos participantes, há também a agenda de cada um (e a sua), bem como a necessidade de desenvolver ainda mais a equipe como entidade profissional de alto desempenho.

Sempre que conduz uma reunião você está exigindo tempo e atenção das pessoas. Como líder, até tem autoridade para fazer isso, mas precisa usá-la com sabedoria. Qualquer que seja o motivo explícito da reunião, é sua responsabilidade torná-la uma experiência positiva e útil a todos os participantes.

Ter esse objetivo geral, além dos objetivos específicos da reunião, vai ajudá-lo a desenvolver sua habilidade e sua reputação como líder eficaz e orientado para resultados.

Diretrizes básicas

Reuniões que incentivam participação e responsabilidade compartilhada serão obviamente mais construtivas que aquelas em que o líder simplesmente discursa e comunica decisões. A seguir listamos algumas diretrizes básicas que poderão ser aplicadas a muitos tipos de reunião, presumindo-se que você tenha concluído que a reunião seja necessária e decidido que tipo de reunião realizar.

1. Planeje tudo com cuidado, usando um formato de agenda como ferramenta de planejamento.

2. Divulgue a pauta da reunião com antecedência.

3. Conduza a reunião de modo eficaz. Mantenha o controle. Concorde com os resultados e as responsabilidades. Faça anotações.

4. Divulgue as anotações, enfatizando ações e responsabilidades.

5. Juntamente com os membros da equipe, discuta as anotações distribuídas.

Prioridades da reunião

Eis uma boa regra prática: tenha sempre um propósito claro para uma reunião. Caso contrário, é melhor não fazê-la. Selecione os assuntos a serem discutidos, determinando a importância e a urgência de cada um. Problemas diferentes precisam ser tratados de formas diferentes. Uma coisa importante, por exemplo, pode não precisar de resolução urgente. Assuntos urgentes e importantes são evidentemente prioritários, portanto exigem planejamento cuidadoso e ação imediata.

Resultados da reunião

Pense no tipo de resultado previsto para cada assunto e escreva-o na agenda, ao lado do título. Isso é importante porque os membros da equipe precisam saber o que se espera deles. Além disso, as reuniões serão mais produtivas se os objetivos forem claros desde o início. Os resultados típicos para cada assunto incluem:

- Decisão;
- Mais discussões necessárias;
- Mais informações necessárias;
- Sessões de planejamento necessárias;
- Feedback necessário;
- Início de formação da equipe.

Sequência da reunião

Coloque os assuntos menos importantes no topo da agenda, não no final. Se colocá-los no final, você pode nunca chegar a eles, pois todo o seu tempo foi gasto em assuntos mais relevantes.

As pessoas são mais sensíveis no início das reuniões, principalmente as que estão ansiosas para fazer sua presença ser notada. Assim, pode ser útil deixar os temas controversos para o final, quando todos estiverem mais relaxados.

Duração da reunião

Os líderes devem considerar o tempo necessário para abordar os diversos itens da agenda em vez de estipular arbitrariamente a duração da reunião. Dê a cada item um prazo realista e lembre-se de que as coisas costumam demorar mais do que se pensa.

Programe várias pausas para reuniões longas. Cabe lembrar que a concentração das pessoas começa a cair depois de apenas 45 minutos, a menos que estejam totalmente envolvidas na reunião e participando dela ativamente. Vinte minutos é um tempo razoável para o *coffee break*, e um intervalo de dez minutos a cada hora para esticar as pernas e respirar ar fresco contribuirá para manter as pessoas atentas.

Evite estabelecer um almoço formal, isto é, com as pessoas sentadas, a não ser que tenha um motivo específico para fazê-lo. Isso as deixa sonolentas. Lanches são ótimos, mas certifique-se de dar às pessoas entre dez e quinze minutos para que saiam da sala de reuniões e respirem um pouco de ar fresco. Se a única opção for um restaurante, com as pessoas sentadas, economize tempo informando as opções do menu no início do dia.

É útil estabelecer horários para cada item da agenda, mas o importante é que sejam tratados de acordo com um cronograma. Em outras palavras, se os participantes não tiverem horários exatos na agenda deles, certifique-se de tê-los na sua. Trata-se de uma das maiores responsabilidades do líder da reunião. Os membros da equipe normalmente esperam que você controle a agenda. Portanto, se decidir encerrar uma discussão em andamento em benefício de uma boa cronometragem, eles respeitarão sua decisão.

Os participantes da reunião

Quem deve ser convidado a comparecer a determinada reunião? A resposta geralmente é óbvia, mas nem sempre. Considere convidar representantes de outros departamentos para suas reuniões. Os "forasteiros" muitas vezes gostarão de ser questionados, porque as perguntas feitas ajudarão a entender não só os problemas do seu setor como os do setor deles também. Receber representantes de fornecedores internos e externos também contribui para construir relacionamentos, que, muitas vezes, podem lançar uma nova luz sobre questões difíceis.

Evite que altos executivos e diretores da própria empresa compareçam às reuniões, a menos que tenha certeza de que a presença deles será positiva e não intimidadora. Isso porque costumam ser rápidos nas críticas mesmo sem conhecer os fatos.

Data da reunião

Certifique-se de que o dia e o horário escolhidos causem o mínimo de transtornos para os envolvidos. Juntar pessoas para reuniões está cada vez mais difícil, sobretudo quando são de departamentos ou organizações diferentes. Assim, procure a melhor data com cuidado. Essa é uma parte muito importante do processo, principalmente se altos executivos estiverem envolvidos.

Para reuniões que ocorrem regularmente, o modo mais fácil de definir datas é combiná-las com antecedência na primeira delas. Todos poderão confirmar presença nesse momento. Tente agendar reuniões para o ano inteiro, se possível. Depois, poderá fixá-las no quadro de avisos, a fim de que os participantes se organizem para cumprir a agenda estipulada.

O planejamento prévio das datas é uma das chaves para reuniões controladas e bem organizadas. Deixar o agendamento para mais tarde provavelmente será motivo de transtornos e confusões. É possível que você precise ser firme. Use o método da inércia, isto é, em vez de iniciar pedindo sugestões, primeiro sugira uma data e, depois, solicite sugestões alternativas.

Horário da reunião

O melhor horário para iniciar e terminar uma reunião depende do tipo e da duração do encontro, assim como da disponibilidade dos participantes. De modo geral, tente começar cedo e encerrar no fim da jornada de trabalho. Reuniões de duas horas na metade do dia são uma perda de tempo; já as reuniões durante o café da manhã podem ser mais produtivas.

Em caso de dúvida, tal como acontece com outros aspectos da reunião, pergunte às pessoas o que preferem. Para que adivinhar quando você pode descobrir o que elas querem, principalmente quando a equipe é madura e prefere ser consultada?

Local da reunião

Muitas reuniões são relativamente informais, realizadas na própria organização. Mas encontros importantes que acontecem fora requerem um planejamento cuidadoso no tocante à localização e às instalações. Planeje tudo de acordo com a situação. Não deixe nada ao acaso.

Certos preparativos são essenciais e nunca devem ser deixados por conta dos funcionários de algum hotel ou de um planejador de eventos, a não ser que você tenha plena confiança neles. Como líder, você deve se certificar de que o local foi preparado de maneira adequada. Eis alguns aspectos da reunião que é preciso verificar – ou mesmo preparar pessoalmente:

- Disposição dos assentos;
- Estrado;
- Mesas para itens de demonstração, apostilas ou panfletos;
- Tomadas e extensões elétricas;
- Controles de ar condicionado e de iluminação;
- Computadores, TV, telão, projetores e cavaletes *flip-chart*;
- Serviço de recepção e alimentação;
- Equipamentos para reposição.

Caso não se verifiquem e confirmem todos esses itens com antecedência, há grandes chances de se ter problemas. Dessa forma, deixe suas necessidades bem explicadas ao reservar o local e revise esses itens novamente alguns dias antes da reunião.

Realizar uma grande reunião já é algo bastante difícil, mesmo que não surjam emergências. Assim, em uma reunião importante, procure chegar bem cedo a fim de verificar se tudo está em ordem. Lembre-se: se algo der errado, são a sua credibilidade e a sua reputação que estão em jogo.

Certifique-se ainda de que o posicionamento dos assentos e das mesas esteja apropriado para a ocasião. Isso é fundamental em certos tipos de reunião. Segue um parâmetro:

- Em apresentações formais para grandes grupos, faça com que os participantes se sentem em fileiras, de preferência com mesas voltadas para o estrado;

- Para reuniões participativas de médio porte, disponha os assentos em forma de U, com as cadeiras voltadas para a mesa dos líderes;

- Para pequenas reuniões envolvendo debates e discussões, use uma mesa retangular, com o líder em uma das extremidades;

- Reuniões descontraídas de planejamento ou de criação podem ser realizadas em estilo menos formal, com sofás e mesas de centro.

Como líder, a posição de seu assento no grupo é importante. Se você estiver à vontade, confiante, e sua autoridade for inquestionável, sente-se próximo aos membros da equipe ou mesmo entre eles. Mas, se as chances de ser confrontado forem grandes ou se tiver que controlar o grupo, posicione-se mais a distância e notavelmente no comando.

Certifique-se de que todos possam ver com nitidez as telas e os *flip--charts*. Para verificar isso, sente-se em cada uma das cadeiras. Você ficará surpreso ao descobrir como a visão é ruim em certos lugares.

A configuração de projetores e telas é importante. Use o formato retangular, que mantém o tom profissional. Para reuniões menores, uma parede branca e lisa geralmente é melhor que uma tela ruim. Posicione telas e *flip-charts* onde não obstruam a visão dos participantes. Certifique-se de que o alto-falante esteja ao lado da tela, não à frente. Faça um teste e os ajustes necessários. Providencie também uma boa quantidade de papel, cavaletes *flip-chart* e canetas para quadros-brancos.

Em locais mais antigos, a iluminação pode ser um problema. Se houver luzes fortes acima da tela que não possam ser desligadas de forma independente, talvez seja necessário desconectá-las temporariamente. Caso a reunião aconteça em um hotel, peça ajuda à equipe de manutenção para fazer isso e procure sempre mostrar apreço pelo trabalho, pois você precisará contar com a boa vontade dos funcionários.

Agenda da reunião

A agenda é a ferramenta com a qual você controlará o encontro; assim, inclua nela todas as informações relevantes. E, a fim de evitar pressões para tratar de "outro assunto" ao final da reunião, envie ou distribua um rascunho da pauta antes de iniciar o evento e pergunte aos participantes se há quaisquer outros temas a serem considerados. Essa atitude é importante porque "outro assunto" muitas vezes desencadeia uma discussão que desperdiça tempo e gera expectativas novas e complicadas, que, se não forem administradas adequadamente, encerrarão a reunião em um clima negativo.

As pautas formais para reuniões da diretoria e do conselho terão normalmente um formato fixo e estabelecido que se aplicará a todas as reuniões. Para reuniões menos formais, concentre-se na praticidade: explique o propósito de cada item da agenda e especifique um prazo para todos eles. Se houver apresentadores ou palestrantes convidados, coloque-os na agenda. Inclua as pausas para café e almoço, se for o caso, e certifique-se de que os fornecedores tenham sido informados. Além desses intervalos formais, permita breves intervalos de hora em hora para que os membros da equipe mantenham a concentração.

Liderando a reunião

A chave do sucesso é manter o controle. Você pode exercer esse controle obedecendo à agenda, administrando os relacionamentos e personalidades e concentrando-se nos resultados. As reuniões devem ter um propósito e cada item tratado também. Lembre-se sempre – e ao grupo também – dos resultados almejados e oriente os procedimentos no sentido de gerar progressos, e não desperdício de tempo.

Restrinja, com gentileza, os participantes excessivamente entusiasmados e incentive os hesitantes. Faça anotações enquanto avança, registrando as decisões e as ações acordadas. Inclua nomes, resultados mensuráveis e prazos. Não tente registrar tudo palavra por palavra. Se estiver liderando um grupo particularmente falante, que produz resmas de anotações e pouca coisa mais, mude de assunto. Concentre-se em alcançar os resultados que definiu para a reunião ao redigir a agenda. Procure não tomar decisões apressadas se seu objetivo for simplesmente discutir e motivar os membros da equipe, mas evite horas de discussão caso precise de apenas uma decisão.

Adie novos problemas para outra ocasião, dizendo apenas: "Você pode ter razão, mas o assunto não é para esta reunião; discutiremos isso outra hora." Você também pode dizer algo parecido quando não souber a resposta para uma pergunta. Não enrole. Diga que trará a resposta na próxima reunião ou acrescente o assunto às anotações da reunião.

Se alguém teimar em insistir em um tema específico que não está na agenda, devolva-o à pessoa e lhe dê um prazo para relatar quaisquer descobertas ou recomendações.

Fique atento a sinais de cansaço, exasperação, confusão ou tédio nos participantes e tome as medidas necessárias.

Atas das reuniões

Como líder, você mesmo deve fazer as anotações, a menos que a configuração da reunião exija um secretário formal. Quando é visto tomando notas, duas coisas são sinalizadas: em primeiro lugar, as pessoas o respeitam por não obrigá-las a fazer isso; em segundo, ao verem que está registrando ações combinadas, sabem que não haverá como negá-las.

As atas das reuniões são essenciais para o gerenciamento de ações e resultados. Também cimentam acordos e esclarecem confusões. Uma reunião sem ata é quase sempre uma perda de tempo, visto que ações não registradas são logo esquecidas. Os apontamentos devem ser breves, mas precisos e claros. Inclua fatos relevantes, números, responsabilidades, ações e prazos. Quaisquer ações planejadas devem ser claramente descritas, nomeando a(s) pessoa(s) responsável(is) e estipulando um prazo final. Todas as ações devem ser específicas, mensuráveis, alcançáveis, orientadas para resultados e com fases bem demarcadas. Após a reunião, envie cópia das anotações a todos os participantes e a outras pessoas que precisem recebê-las.

Um elemento final muito importante é o acompanhamento das ações acordadas – até mesmo das suas. Se você organiza uma grande reunião, redige ótimas atas, mas deixa de verificar se as ações foram realizadas, sua credibilidade se anula. Você deve acompanhar as ações combinadas e fazer com que sejam cumpridas. Se as pessoas acharem que podem ignorar os acordos, sua liderança sofrerá um grande abalo, mas, se souberem que não podem ignorá-los, isso beneficiará as reuniões futuras e a organização como um todo.

EM AÇÃO

1. Os líderes organizacionais geralmente têm presença mais sutil do que os líderes inspiradores. Você se considera mais um líder organizacional ou um líder inspirador? Numa escala de 1 a 10, avalie sua necessidade de ser reconhecido e de estar em destaque (1 é "Pouca necessidade" e 10 é "Tenho muita necessidade de estar em destaque").

   1   2   3   4   5   6   7   8   9   10
   Pouca necessidade   *Muita necessidade*

2. Descreva três passos específicos que você pode tomar para criar um sentimento de unidade entre os colegas (ou mesmo entre sua família e seus amigos). Pode ser a organização de eventos em grupo, como piqueniques e viagens educativas ou inspiradoras, ou a colocação do logotipo da organização em camisetas e bonés. Seja criativo!

3. Há pessoas em sua organização que não têm espírito de equipe, mas que merecem destaque por seus esforços? Que medidas você poderia tomar para reconhecer o trabalho que realizam e, ao mesmo tempo, incentivá-las a se integrarem mais à equipe? Escreva três opções e coloque-as em prática.

12

As táticas dos grandes líderes organizacionais

Deixe a outra pessoa corrigir os próprios erros.

– Dale Carnegie

No capítulo anterior, enfocamos os princípios e as táticas utilizados na liderança organizacional. Vamos agora analisar a atuação de um líder organizacional e os resultados admiráveis obtidos em uma empresa em que essas ideias foram postas em prática.

SOUTHWEST AIRLINES

A companhia aérea Southwest Airlines, criada em 1967, teve como cofundador um homem chamado Herb Kelleher. Durante mais de quarenta anos, Kelleher ocupou o respeitável cargo de presidente e CEO da empresa, na qual imprimiu um modelo horizontal e democrático, tanto para os clientes quanto para os funcionários. Foi assim que a Southwest veio a se tornar uma organização em que a pirâmide se tornou plana.

A Southwest Airlines depende quase exclusivamente de um único tipo de avião, o Boeing 737, o que simplifica a manutenção e reduz o estoque de peças de reposição. No que diz respeito aos clientes, não existe primeira classe nem designação de assentos, mas a empresa é recordista em partidas e chegadas no horário. Além disso, os funcionários da Southwest desfrutam de uma cultura corporativa intencionalmente democrática.

Um exemplo disso é que os funcionários chegam a participar das conversas sobre novas contratações. Após avaliar a capacidade técnica do candidato, analisam se ele tem um perfil que se encaixa na equipe; para tanto, passam horas conversando com ele sobre esportes, família e eventos atuais. Uma conversa casual mas reveladora. O objetivo é encontrar pessoas idealistas e qualificadas para o trabalho. Assim, postura e comprometimento são os fatores mais importantes na contratação, visto que, para a Southwest, conhecimentos podem ser ensinados ou aumentados, caso necessário.

Outra característica considerada importante é o senso de humor. Isso porque o clima na companhia é alegre e descontraído, então os futuros membros da equipe devem sentir-se à vontade com isso. O próprio Kelleher gostava de rir. Acreditava que o indivíduo não deve mudar de personalidade no trabalho, tanto que chegou a aparecer em eventos da empresa vestido de Elvis Presley ou de Coelhinho da Páscoa.

Certa vez, um grupo de pilotos apareceu para entrevistas de emprego. Ao chegarem, foram informados de que trajes formais durante a entrevista não seriam aceitos e que, por essa razão, estavam recebendo uma bermuda da Southwest Airlines, que deveria ser usada com a camisa social, a gravata e o paletó que estavam vestindo. Os que não viram graça nisso claramente demonstraram não se encaixar na Southwest, independentemente de suas qualificações técnicas. Portanto, não foram contratados, uma vez que a compatibilidade com a cultura organizacional era o requisito mais importante.

Herb Kelleher dizia coisas que muitos líderes organizacionais dizem, mas que poucos praticam. Uma delas é que a liderança pelo exemplo é fundamental. Kelleher afirmava, ainda, que a verdadeira liderança é, na verdade, servidão, e que os melhores líderes organizacionais devem ser bons seguidores, capazes de aceitar as ideias de outras pessoas – mesmo quando elas não estão de acordo com as suas – e estar dispostos a colocar suas questões egoicas abaixo das necessidades da organização. Acima de tudo, precisam respeitar as necessidades dos membros da equipe e fazer todo o possível para satisfazê-las.

REDUÇÃO DE PESSOAL

É no quesito redução de pessoal que se distingue o verdadeiro mestre, no caso da liderança organizacional. Durante as décadas de 1980 e 1990, uma enorme revolução ocorreu nos negócios americanos, impulsionando líderes a reduzir drasticamente sua força de trabalho com o objetivo de elevar os resultados financeiros. Foi o chamado *downsizing*. As medidas adotadas nesse sentido tiveram um impacto enorme em todos os níveis da sociedade. O custo humano do *downsizing* deu origem a um estilo de descaso quase alegre entre alguns líderes corporativos. Entretanto, poucos de seus praticantes mais inflexíveis conseguiram manter o poder alguns anos mais tarde, o que não foi surpresa para Herb Kelleher.

Kelleher acreditava que o sucesso da Southwest Airlines estava diretamente relacionado ao fato de não ter sido feita nenhuma dispensa na empresa. Embora o setor de aviação civil seja altamente competitivo, cíclico e quase sempre caótico, a liderança de Kelleher sempre se baseou no princípio de que os membros da equipe fariam parte da companhia por muito tempo. Para ele, se os funcionários não se sentissem seguros e confiantes a esse respeito desde o momento em que fossem contratados, seu compromisso diminuiria, a qualidade do atendimento ao cliente cairia e, por fim, a organização ficaria enfraquecida.

Em uma entrevista, relatou que muitos líderes estudavam a Southwest Airlines com o objetivo de estabelecer um ambiente empresarial semelhante; no entanto, ele não tinha um conjunto de procedimentos bem estabelecido. Para Kelleher, era apenas uma questão de contratar pessoas capazes de fazer o melhor para os clientes e para os colegas de equipe. Executivos visitantes achavam difícil acreditar nisso. Procuravam uma doutrina, um complexo sistema de coisas que deviam ou não ser feitas. Mas ele achava que algo assim arruinaria a organização.

Engajamento

Dale Carnegie, professor nato, gostava de usar a palavra *engajamento* para descrever a relação entre líderes e funcionários na criação de uma organização de sucesso. Ele acreditava que os líderes devem oferecer a sua equipe a chance de se aprimorar, assim como uma universidade oferece novas qualificações aos alunos que nela se matriculam. Nesse sentido, os integrantes de uma equipe, por escolha própria e para o próprio benefício, engajam-se na estratégia, na tática e nos princípios do líder – o que não precisa necessariamente ocorrer no momento da contratação, cabendo ao líder enxergar o potencial para que isso aconteça mais cedo ou mais tarde.

O engajamento requer esforço concentrado e reforço contínuo. Não existem atalhos. Por essa razão, os mestres em liderança organizacional não ditam regras; eles engajam os indivíduos. Como explicou um CEO: "Se você engaja uma pessoa, isso será o início de uma reação em cadeia: você muda alguém, essa pessoa pode engajar outra, talvez duas pessoas, talvez dez. Talvez cem."

É como um filme de faroeste em que o herói travará a batalha final contra o vilão e resgatará a heroína. Montado em seu cavalo branco, o herói de repente vê um cara ao seu lado. Depois outro, no lado oposto, e mais dez à esquerda. Mais dez aparecem à direita e, um minuto depois, centenas de caras estão cavalgando ao lado dele, levantando poeira. Isso não aconteceu porque aquele caubói deu um telefonema e disse "Você pode me encontrar perto do riacho às 10 da manhã para o grande tiroteio?", mas porque ele decidiu ir pessoalmente ao riacho, já que era necessário. Quando as pessoas o viram fazer isso, quiseram ir junto.

UM BOM LÍDER CRIA UM SENSO DE UNIDADE

É função do líder criar um sentimento de solidariedade. Os líderes precisam incutir a sensação de que todos fazem parte de uma equipe e que cada colaborador é importante. Devem encorajar seus membros, sempre reforçando que "Juntos faremos isso". Sim, todo mundo tem contas a pagar e todo mundo quer um salário. Talvez todos queiram também um bônus de fim de ano e um ótimo pacote de benefícios. Mas uma organização forte, baseada em liderança real, nunca dependerá somente de incentivos financeiros nem crescerá intimidando funcionários que temem ser demitidos.

Indivíduos que trabalham apenas por um contracheque farão só o necessário para serem pagos. Se um número suficiente de pessoas começar a pensar assim, nada mais será feito. Um líder organizacional forte sabe reconhecer as pessoas, encorajá-las, treiná-las, elogiá-las e lhes dar voz e poder para tomar decisões. Um líder sábio as encoraja, compartilha a glória com elas, busca seus conselhos, faz com que percebam quão valorizadas são e lhes dá liberdade para trabalhar como acharem adequado; em seguida, demonstra que acredita na capacidade delas saindo de seu caminho. Na melhor das hipóteses, o líder organizacional prospera mostrando às pessoas que confia, respeita e se preocupa com elas.

Grandes líderes inspiradores têm capacidade de levar as pessoas a segui-los – um talento único ou mesmo uma forma de gênio. O talento do líder organizacional, no entanto, é mais sutil e igualmente grandioso: a habilidade de fazer os indivíduos seguirem em frente. O movimento se produz não por conta de quem os lidera, mas porque lideram a si mesmos.

QUEM SOMOS NÓS? O QUE SOMOS?

Cada organização tem a própria cultura, gerada por uma combinação de influências: dos fundadores originais, de lideranças passadas e presentes, de sua história, de crises, de eventos diversos, de sua lucratividade e de muito mais coisas. Tudo isso se soma às rotinas, aos rituais e à "forma como fazemos as coisas aqui". Esses comportamentos moldam como as pessoas agem dentro da organização, pois esclarecem o que é necessário para o funcionário atuar como um jogador de equipe e indicam o comportamento apropriado a cada circunstância, constituindo o clima organizacional.

A cultura de uma organização é um conceito relativamente abstrato. O clima, por sua vez, é a sensação que se produz em uma base diária: as percepções e atitudes, tanto individuais quanto compartilhadas, dos membros da organização. A cultura é a natureza profundamente enraizada do grupo, o resultado de sistemas, regras, tradições e costumes formais e informais de longa data. Já o clima é um cenário de curto prazo criado pela liderança atual; representa as crenças de seus membros atuais sobre a organização. Tal percepção individual advém do que as pessoas acreditam sobre as atividades que ocorrem todos os dias e até a cada minuto, as quais influenciam a motivação individual e coletiva do grupo. Seguem algumas questões capazes de ajudar na percepção das crenças que podem estar por trás de certas atitudes:

- O líder esclarece bem as prioridades e os objetivos da organização? "O que se espera de nós?"

- Qual é o sistema de reconhecimento, recompensa e crítica na organização? "O que acontecerá se eu cometer um erro?"

- Os líderes são competentes? Como são considerados pelos membros da equipe?

- Os líderes são livres para tomar decisões?

Assim, o clima organizacional está diretamente relacionado ao estilo de liderança e gestão da alta administração, baseado em valores, atributos, competências, ações e prioridades. Outro aspecto é o "clima ético": o sentimento, dentro da organização, sobre as atividades que têm conteúdo "certo ou errado" ou sobre os aspectos do ambiente de trabalho que constituem um comportamento ético. Trata-se da sensação de estarmos fazendo as coisas corretamente em um sentido moral, de nos comportarmos como deveríamos. O comportamento e o caráter do líder são os fatores que mais impactam o clima de uma organização.

No caso da cultura organizacional, é um fenômeno complexo e de longo prazo; ela representa as expectativas compartilhadas e a autoimagem da organização, os valores maduros que criam tradição ou a "forma como fazemos as coisas aqui" – as quais são feitas de modo diferente em cada organização. A visão coletiva e o folclore comum que definem a instituição são reflexos da cultura. Líderes individuais não podem criar ou mudar facilmente a cultura porque ela faz parte da organização. De um lado, influencia as características do ambiente por seu efeito nas ações e nos pensamentos do líder; de outro, tudo o que um líder faz afeta o ambiente da organização.

A seguir são apresentadas algumas sugestões para se criar um ambiente ideal por meio de consenso e colaboração.

Alcançando o consenso mediante colaboração

Equipes eficazes trabalham juntas para chegar a um consenso ou a um acordo. O consenso exige de cada participante a concordância com o assunto discutido antes que ele se torne parte da decisão. Importante dizer que nem todos os assuntos terão a aprovação incondicional de todos e que a unanimidade não é o objetivo. A capacidade de usar a colaboração exige o respeito pelas ideias, opiniões e sugestões de todos. O objetivo é levar os indivíduos a aceitarem um ponto de vista baseado na lógica. Quando isso acontece, isto é, os indivíduos passam a compreender e aceitar a lógica de um ponto de vista diferente do deles, deve-se presumir que se obteve um consenso.

Siga estas diretrizes para chegar a um consenso:

- Evite discussões sobre hierarquia ou posição individual. Manifeste uma opinião da maneira mais lógica possível.

- Evite afirmativas do tipo "É ganhar ou perder". Descarte a noção de que alguém deve vencer.

- Evite fazer as pessoas mudarem de ideia apenas para não gerar conflitos e alcançar a harmonia.

- Evite decisões por maioria, pela média, por barganha ou por cara ou coroa. Isso não produz um consenso real. Trate as diferenças de opinião como sinal de compartilhamento incompleto de informações relevantes. Continue fazendo perguntas.

- Mantenha a atitude de que ter pontos de vista diferentes é algo natural e saudável para o grupo.

- Veja qualquer acordo inicial como suspeito, sobretudo se for feito rapidamente. Analise as razões subjacentes ao aparente acordo e assegure-se de que todos os membros da equipe o subscreveram de bom grado.

EM AÇÃO

1. Sob a liderança de Herb Kelleher, a Southwest Airlines criou uma cultura de respeito mútuo dentro da empresa. Você trata todo mundo com dignidade e respeito? Se a resposta for negativa, escreva uma lista de pessoas que você não trata assim. Em seguida, faça uma breve

reflexão a fim de identificar por que elas não têm o seu respeito. Muitas vezes, quando algo em outra pessoa nos desagrada, é porque essa pessoa tem alguma característica que lutamos para eliminar em nós mesmos.

2. Depois de notar que não gosta de determinado indivíduo, crie um plano para mudar sua percepção. Fazer uma lista de coisas que você respeita nele e se concentrar nessas características pode mudar seus sentimentos e permitir que você o veja sob uma luz diferente. Após esse exercício, anote as mudanças ocorridas em você, no outro e no relacionamento entre ambos.

3. Herb Kelleher dizia que nunca seguiu qualquer sistema ou metodologia em particular. E você? Para esclarecer seu próprio estilo de liderança organizacional, escreva a respeito de como lidera uma equipe. O que você procura ao contratar novos funcionários? Em que práticas interpessoais você insiste na organização? Que programas de incentivo ou de recompensa você segue? O que faz para incentivar a formação de equipes?

4. Se você fosse o caubói no cavalo branco, quem dentro de sua organização (ou de sua vida) o seguiria na batalha e por quê? O que você fez para ganhar sua confiança, lealdade e admiração? O que você pode fazer para recrutar mais gente?

13

Descobrindo seu estilo de liderança

*Fale sobre os seus erros antes de
criticar a outra pessoa.*

– Dale Carnegie

APLICANDO O QUE VOCÊ APRENDE EM SI MESMO

ATÉ AQUI VIMOS DOIS TIPOS DIFERENTES de líder: o líder inspirador e o líder organizacional. Vamos fazer uma breve revisão desses dois tipos de liderança para ajudá-lo a encontrar seu próprio estilo.

VISÃO GERAL DO LÍDER INSPIRADOR

Sob a perspectiva de quem trabalha em estreita colaboração com líderes inspiradores, muitas vezes não há meio-termo. O ambiente que eles criam é empolgante e agitado. Em outras palavras, trabalhar com um líder inspirador, mesmo que seja um verdadeiro mestre em liderança inspiradora, é um pouco como viajar numa montanha-russa. Algumas pessoas admiram sua paixão e os aclamam como visionários, ficam empolgadas, seu nível de adrenalina sobe e elas querem "viajar" novamente. Outras ficam decepcionadas com sua natureza imprevisível, afastam-se cambaleantes e juram: "Nunca mais." Seja como for, todos concordam que os líderes inspiradores têm o dom de colocar sua marca registrada nas coisas.

AS CARACTERÍSTICAS DO LÍDER ORGANIZACIONAL

O líder organizacional é bem diferente do líder inspirador, cuja eficácia deriva basicamente da dinâmica pessoal. Em outras palavras, se a liderança inspiradora é como um carro esporte de alto desempenho, a liderança organizacional é mais como um sedã bem projetado. Os líderes organizacionais são construídos para resistir aos buracos da estrada e obter uma boa economia de combustível. Estão interessados em criar uma sólida estrutura, tanto para o presente quanto para quem vier depois. Além disso, gostam de acompanhar as coisas até a sua conclusão, são bons em antecipar obstáculos e desenvolver estratégias alternativas. As pessoas os descrevem como alguém que está no controle de tudo. E, ao contrário dos inspiradores, esses líderes costumam ter uma incrível capacidade para pensar nos detalhes.

PERGUNTAS DE AUTOAVALIAÇÃO

Agora que você já tem uma ideia de como atuam os mestres da liderança, é hora de aplicar o que aprendeu. Nos dois capítulos seguintes, você responderá a uma série de perguntas direcionadas à autoavaliação. Após ler e absorver as informações básicas sobre as perguntas existentes neste capítulo, vá até a seção "Em ação" e escreva suas respostas no espaço apropriado. Na parte inferior de cada espaço há informações que vão ajudá-lo a interpretar o que escreveu e a identificar seu estilo pessoal de liderança.

Quando começarmos a discutir as perguntas, lembre-se do seguinte: nada está gravado em pedra. Esse questionário de autoavaliação é simplesmente uma indicação de onde você está neste momento de seu desenvolvimento pessoal. Se não gostar da imagem, você tem o poder de mudá-la: possui livre-arbítrio, imaginação e capacidade para crescer. Agora, se gostar da imagem, você poderá obter ideias para expandir seus pontos fortes.

Ao refletir sobre as perguntas, considere estes pontos-chave: seja honesto consigo mesmo, tente não duvidar das perguntas e não as responda como *acha que deveria*. Lembre-se de que essa avaliação é para seu benefício, ninguém mais terá acesso a ela.

Além disso, evite respostas breves e generalizadas; escreva o máximo que puder em cada resposta, incluindo circunstâncias, pensamentos, emoções e pessoas – em suma, detalhes internos e externos que transformarão sua resposta em algo útil para você considerar mais tarde. Quanto mais escrever, mais ganhará com o processo. Tendo isso em mente, estamos prontos para começar.

PERGUNTAS IMPORTANTES

Qual foi a maior decisão relacionada à carreira ou ao trabalho que você já tomou e como a tomou?

Sua experiência em tomar decisões difíceis ou importantes nada tem a ver com a extensão de seu currículo nem com alguma fama ocasional. Independentemente de onde esteja em sua vida profissional, seja você um assistente administrativo ou um CEO, com certeza já tomou algumas decisões muito importantes referentes à carreira. Mas pode não ter percebido isso e, se esse for o seu caso, é fundamental que o faça.

Esse raciocínio foi muito bem ilustrado por um homem chamado Doyle Brunson, que venceu por dez vezes a World Series of Poker (campeonato mundial de pôquer) em Las Vegas, Nevada. Certa vez, perguntaram a Brunson sobre a pressão que ele sentiu quando, em uma única aposta, empurrou 1 milhão de dólares em fichas para o centro da mesa. "Isso não é pressão", respondeu ele. "A pressão é quando você aposta seu último centavo."

A importância de qualquer decisão é determinada por quanto ela pode afetar sua vida. Fumar o primeiro cigarro é uma decisão importante – e muito destrutiva, embora na época possa não parecer. Escolhas aparentemente insignificantes como retornar um telefonema, responder a uma carta ou fazer um pequeno favor a um amigo transformaram a vida de mais de uma pessoa. Assim, pense bem sobre isso. As escolhas que mais podem mudar nossa vida estão relacionadas a pequenas mudanças em coisas que fazemos diariamente.

Você é uma pessoa conceitual ou uma pessoa de ação? Exponha seu raciocínio ou exemplifique sua resposta.

A diferença equivale à que existe entre um poeta e um romancista ou entre um inventor e um engenheiro. Uma pessoa conceitual tem uma ideia, um novo brinquedo, por exemplo; já uma pessoa de ação sabe exatamente como precificá-lo e comercializá-lo. Uma pessoa conceitual esboça modelos de roupas da moda a cada temporada; uma pessoa de ação adapta esses modelos para a produção em série, faz contratos com fornecedores e supervisiona campanhas publicitárias para promovê-los.

Indivíduos conceituais veem objetos do cotidiano com novos olhos. São mestres em livres associações. Seus talentos geram novas tendências, inspiram produtos inovadores, criam abordagens originais e idealizam novos serviços. Indivíduos de ação desempenham um papel muito diferente. Sem eles, as ideias inteligentes jamais se manifestariam em nossa vida cotidiana. Eles trabalham com as ideias até que sejam realisticamente transformadas em produtos que possam chegar às prateleiras a preços razoáveis.

Os dois talentos são necessários. Nenhum deles poderia realizar muita coisa sem a existência do outro. Ambos são, potencialmente, mestres em liderança. Qual dos dois é você?

Os detalhes o inspiram ou o deixam impaciente?

Meg, recém-formada em direito, fez uma viagem à Europa antes de retornar para fazer o exame da Ordem. Ao visitar Praga, descobriu que andar pelas ruas de uma cidade do Velho Mundo pode ser uma forma de educação. Em uma estreita rua lateral, Meg olhou por uma janela e observou um relojoeiro idoso e três jovens aprendizes. Dezenas de delicadas peças de relógio estavam dispostas de maneira ordenada sobre a mesa diante deles: pilhas de minúsculas bobinas, molas, pedaços de metal e delicados cristais a serem transformados em mostradores. De vez em quando, o relojoeiro se levantava para observar o trabalho de algum aprendiz. Mas o que se via pela janela, na maioria das vezes, era um ambiente de pura concentração, com pessoas atentas a cada detalhe.

Pessoas preocupadas com detalhes prosperam em situações que lhes permitem dar um passo de cada vez com metódica concentração. Uma abordagem ampla das coisas não as atrai.

É claro que, para alguns indivíduos, escalar paredes seria melhor que desmontar pacientemente um relógio antigo. Para eles, a metódica atenção exigida por esse tipo de trabalho seria enfadonha e sem sentido. Eles gostam de assumir grandes compromissos e têm capacidade para enfrentar trabalhos árduos; mas, quando chega a hora de mergulhar nas minúcias do processo, já foram tratar de outra coisa. Seu forte não é encaixar cuidadosamente as pequenas peças de um quebra-cabeça, por mais importante que isso seja.

QUE TIPO DE LÍDER É VOCÊ?

Você é um líder conservador ou agressivo?

Você joga para ganhar ou para evitar perder? Acha que a melhor defesa é um bom ataque ou o contrário?

Não cometa o erro de achar que um desses estilos é melhor que o outro. À primeira vista, o pensador agressivo pode parecer um líder superior, mas não se deixe enganar. Dependendo das circunstâncias, o pensamento conservador pode salvar o dia.

Imagine um ladrão armado que fez reféns em um banco. O tempo passa, e o homem continua dentro do prédio. A situação chega a um impasse. O público pode estar clamando por ação, porém, na maioria das vezes, manter a cabeça fria e adotar uma abordagem conservadora é o que salva reféns. Tal procedimento pode não inspirar um bom roteiro de cinema, mas isso não importa muito para as famílias dos reféns, que geralmente saem ilesos. Em um caso como esse, qualquer rompante pode gerar um desfecho violento e desnecessário.

No mundo dos negócios, porém, existem muitas oportunidades para os pensadores agressivos. Quando a America Online (AOL) anunciou que iria comprar o gigantesco conglomerado da Time Warner, foi fácil esquecer que, apenas alguns anos antes, o futuro da AOL não era nada brilhante. As tarifas horárias que a empresa cobrava pelo acesso à internet haviam sido drasticamente confrontadas pela concorrência de outros provedores com tarifas muito mais baixas, o que a levou a perder clientes em massa. De repente, em um movimento que pegou todo mundo de surpresa, Steve Case, CEO da AOL, anunciou que as tarifas horárias seriam abolidas e que o serviço seria oferecido por uma única tarifa mensal – sendo esta, em muitos casos, apenas uma fração daquela que seus usuários vinham pagando.

A linha de demarcação é clara. Líderes agressivos não se intimidam com riscos. São estrategistas criativos e costumam dar o melhor de si quando se sentem pressionados. Líderes conservadores limitam os prejuízos, antecipando formas de evitar perdas desnecessárias a fim de proteger a organização. Diferentes tipos de pessoa têm diferentes qualidades. Sua tarefa agora é descobrir onde estão seus pontos fortes.

Você usa suas emoções ao tomar decisões relacionadas ao trabalho?

Em outras palavras, você confia em sua intuição ou nos números? Quando se vê diante de uma escolha difícil, responde de forma intuitiva ou analítica?

Embora seja verdade que instintos e dados concretos frequentemente trabalham juntos, quando estão em desacordo, uns muitas vezes superam os outros, dependendo de qual processo o deixa mais confortável. Quando um bem-sucedido corretor de títulos deixou a Câmara de Comércio de Chicago para se dedicar ao comércio de gás natural em Houston, muitos acharam que ele dera um passo rumo ao desconhecido. Por que alguém desejaria deixar uma carreira de tanto sucesso? O próprio corretor achou difícil explicar. "Só me guio pelos números até certo ponto", disse ele. "Trabalho por instinto. Não sei descrever de outro jeito."

Steve Jobs, da Apple, foi também um exemplo de tomada instintiva de decisões. Quando voltou a comandar a empresa que havia fundado, encontrou problemas sérios que a Apple jamais enfrentara antes. As vendas eram desanimadoras. Outras marcas haviam igualado a Apple na facilidade de uso, e muitas tinham preços bem mais em conta. Os números eram de fato ruins, mas Jobs não perdera sua paixão pela Apple. Acreditava em sua força como inovadora e como empresa afinada com as necessidades do consumidor. Jobs tinha uma forte intuição a respeito do que estava faltando no mercado de computadores domésticos – e o modelo iMac demonstrou que estava certo. Era pequeno, fácil de operar, portátil e bonito.

Mas uma abordagem menos emocional das decisões também vale muito. Para muitas pessoas, a noção de que "os números não mentem" funciona bem na hora de fazer uma escolha difícil, independentemente do que diz o instinto. O importante é tomar consciência dos próprios processos e identificar as prioridades no momento de tomar uma decisão.

Na condição de líder, você tenta chegar a um consenso ou toma as decisões sozinho?

Algumas pessoas dão um suspiro de satisfação quando ouvem a palavra *consenso*. Outras rangem os dentes. Afinal, o que causa essas diferentes reações?

Os líderes que favorecem o consenso e a colaboração veem nessa opção a dinâmica de grupo ideal. Acham que o acerto na tomada de uma decisão está comprovado se a maioria do grupo concorda com ela. Na verdade, é um processo de harmonização. Os construtores de consenso estão convencidos de que avançar como equipe aumentará a eficiência geral de uma organização. Sentem-se mais à vontade nesse tipo de ambiente, mesmo em nível pessoal.

Ser um construtor de consenso, no entanto, exige consideráveis doses de habilidade e tenacidade. Requer também sabedoria para avaliar todos os tipos de personalidade e interagir com eles. Negociadores incansáveis, esses líderes reajustam constantemente seus processos mentais enquanto conduzem a equipe para mais perto de um meio-termo. Um construtor de consenso é como um gato que sempre cai em pé: consegue se manter no controle mesmo em uma situação difícil.

Na história americana, o exemplo clássico de construtor de consenso foi o presidente Lyndon B. Johnson. Ainda como senador, ele já tinha a reputação de hábil negociador: conseguia levar políticos de todos os partidos a apoiarem um projeto de lei ou a defenderem a mesma causa, habilidade que o ajudou muito durante seu mandato na Casa Branca. Em 1964, mesmo diante de uma oposição esmagadora por parte dos senadores do Sul, Johnson conseguiu que o Congresso aprovasse, após muitos dias de debates extenuantes, a lei de direitos civis mais abrangente da história dos Estados Unidos.

A esta altura, você pode estar se perguntando: "Quem em sã consciência seria contra o consenso?" Afinal de contas, o que pode haver de errado em todos estarem de acordo? Mas cada aspecto da liderança tem outro lado – um estilo oposto – que pode ser igualmente eficaz.

Quando Bill Gates presidia a Microsoft, ao organizar uma reunião de negócios, nada o incomodava mais que uma sala em que todos assentiam com a cabeça. Acreditava que o consenso geralmente é sinal de preguiça mental ou conformismo. O melhor trabalho, em sua opinião, vinha do confronto, do desafio e da contestação. "Essa é a coisa mais idiota que eu já ouvi" é um comentário que Gates fez mais de uma vez em reuniões de negócios, só para provocar tumulto.

Como você reagiria a esse estilo de liderança? Você é um construtor de consenso ou alguém que gosta de instigar as pessoas?

Na sequência, há seis perguntas que o ajudarão a avaliar exatamente qual é seu estilo de liderança. Perguntas que serão reiteradas logo em seguida. Procure responder a cada uma do modo mais específico e completo possível.

EM AÇÃO

1. Antes de reconsiderar as perguntas sobre avaliação de liderança, revise a lista de diretrizes para uma liderança eficaz a seguir. Coloque um ✓ nos atributos que acha ter dominado e um X nos que acha que precisa desenvolver.

    Quando for necessário mudar atitudes ou comportamentos, o líder eficaz deve ter em mente as seguintes diretrizes:

    - Ser sincero. Não prometer nada que não possa cumprir.

    - Esquecer os benefícios para si mesmo e concentrar-se nos benefícios para a outra pessoa.

    - Saber exatamente o que deseja que o outro faça.

    - Ser empático. Perguntar a si mesmo: "O que a outra pessoa realmente quer?"

    - Considerar os benefícios que a pessoa obterá fazendo o que você sugere.

    - Combinar esses benefícios com os desejos do outro.

    - Ao fazer um pedido, transmitir à outra pessoa a ideia de que ela será pessoalmente beneficiada.

Seria ingenuidade acreditar que, usando essas abordagens, você sempre obterá uma reação favorável, mas a experiência da maioria das pessoas revela que é mais provável mudar de atitude com esses princípios que sem eles. Mesmo que seu sucesso aumente em apenas 10%, você se tornará 10% mais eficaz como líder do que era antes.

2. Responda às perguntas seguintes tendo em mente dois pontos.

    Primeiro: seja honesto consigo mesmo; esta avaliação é para seu benefício, ninguém mais a verá. Quanto mais honesto for, mais realista será sua descrição. Evite, principalmente, a tentação de criar uma resposta "melhor". Para este exercício, a melhor resposta é a verdade, exatamente como lhe ocorrer. Segundo: evite respostas breves e generalizadas. Escreva o máximo que puder para cada resposta, incluindo circunstâncias, pensamentos, emoções e descrições de pessoas. Inclua detalhes internos e externos que transformarão sua resposta em algo útil para você estudar mais tarde. Quanto mais escrever, mais ganhará com o processo.

    a. Qual foi a maior decisão profissional que você tomou e como a tomou?

    b. Você é uma pessoa conceitual ou de ação? Explique a resposta.

    c. Você se inspira em detalhes ou fica impaciente com eles? Exemplifique sua resposta.

    d. Você é um líder conservador ou agressivo? Por quê?

    e. Você usa suas emoções quando decide alguma coisa relacionada a trabalho? Dê exemplos específicos.

    f. Como líder, você tenta obter consenso ou age sozinho? Explique por quê.

14

Continuando a descobrir seu estilo de liderança

Só há um jeito de ganhar uma discussão: evitá-la.
– Dale Carnegie

Você tenta obter consenso ou age sozinho? Essa foi a última pergunta do capítulo anterior. Na verdade, um estilo de liderança pode ser tão eficaz quanto outro, dependendo da organização e das características da situação. Enquanto Bill Gates se aborrecia à simples ideia de consenso em sua empresa, o relato a seguir mostra como o envolvimento dos funcionários e a tomada de decisões em bloco podem beneficiar uma organização.

AS PESSOAS GOSTAM DE CAUSAR IMPACTO

Uma grande empresa do setor de produtos domésticos descobriu exatamente como o envolvimento dos funcionários pode beneficiar toda uma comunidade. Foi quando seus dirigentes decidiram construir uma nova fábrica na degradada área central da cidade-sede como parte de uma tentativa para revitalizá-la. Moradores da região foram contratados, mas a expectativa era de que seu treinamento ainda fosse levar algum tempo. Mesmo assim, a empresa decidiu envolvê-los nas questões importantes relacionadas ao novo empreendimento.

Esse envolvimento incluía o redirecionamento do transporte público para mais perto da fábrica, a ampliação da creche e maior flexibilidade na contratação de pessoal, bem como na classificação dos cargos. Para muitos residentes da comunidade, discutir essas questões com os representantes de uma grande corporação foi uma experiência totalmente nova, que se mostrou valiosa tanto para eles quanto para a empresa. Para esta, foi uma chance de constituir lealdade e comprometimento na base demográfica da qual a maior parte das novas contratações seria obtida. Para os trabalhadores, foi a constatação de que o novo empregador precisava de suas ideias e que elas seriam postas em prática nos níveis mais altos da organização. Esse envolvimento coletivo acabou sendo uma decisão acertada para todos os participantes.

Fazer algo assim acontecer requer visão e flexibilidade. O diretor de operações da empresa descreve a atribuição de poder aos funcionários como uma de suas mais importantes responsabilidades. E uma das mais complexas, pois envolve inspirar autoconfiança nos membros da equipe, despertar sua criatividade, além de ajudá-los a esclarecer os próprios pensamentos para que possam ser comunicados a pessoas com expectativas culturais muito diferentes.

Um dos executivos envolvidos no processo disse: "Aprendi algo que nunca teria entendido alguns anos atrás. Não existe um pensamento errado ou irrelevante. As ideias de todos merecem ser analisadas. Essa é a única forma de encontrar soluções realmente viáveis, soluções que não sejam apenas tecnicamente sólidas, mas que incluam todas as pessoas que as executarão."

EXAMINANDO OS CONFRONTOS

Continuaremos agora a formular perguntas, a fim de ajudá-lo em sua autoavaliação. Uma vez mais, reserve algum tempo para respondê-las com o máximo de detalhes possível.

Como você se sente quando se envolve em um confronto?

Essa pergunta é, na verdade, uma extensão da anterior, porém com mais ênfase nos relacionamentos individuais. Como líder, você se vê como "sem papas na língua" ou "diplomático"? As pessoas o descrevem como "descontraído, jogador de equipe" ou usam palavras como "franco, direto e brusco"?

Olhando situações de conflito em retrospecto, alguns líderes acreditam que falharam por terem deixado as coisas irem longe demais. Outros têm boas lembranças de seus confrontos, de não terem cedido, de terem falado abertamente e estabelecido o controle.

Então pergunte a si mesmo: você vê o confronto como um colapso na liderança ou como uma de suas expressões fundamentais?

Você é cientista ou mágico?

Essa pergunta é sobre a importância atribuída à uniformidade. Quanto peso você confere a fórmulas testadas e comprovadas? Você se sente mais à vontade ao continuar com o que funcionou no passado ou gosta de ver as coisas acontecerem de maneiras inesperadas?

O teste de uma abordagem científica é sua capacidade de prever o futuro. Com base em experiências anteriores, podemos esperar que, se largarmos uma pedra, ela cairá em direção ao solo. Assim funciona a lei da gravidade, comprovadamente muito precisa na previsão de certas ações. No entanto, como teoria científica, está sempre sujeita a testes e verificações. Por mais estranho que possa parecer, leis naturais aparentemente imutáveis valem tanto quanto seu último teste. Se largarmos a pedra e ela não cair no chão nem que seja uma única vez, tudo passará a valer. Se a lei da gravidade não funcionar nem que seja por uma só vez, isso dará início a uma reavaliação – e possivelmente a uma revisão – de alguns conceitos fundamentais.

A magia, por seu turno, não precisa funcionar o tempo todo para continuar sendo mágica. Os magos acreditam que é impossível conhecer todas as variáveis de uma situação e que até a força de sua crença e as dos espectadores podem influenciar um resultado. Cada novo esforço tem a própria dinâmica, o próprio conjunto de fatores imprevisíveis que o tornam um universo em si mesmo. Uma cena maravilhosa do filme *Pequeno grande homem* ilustra bem essa crença. Interpretando um chefe tribal, o ator Dan George se vira para o astro Dustin Hoffman e diz que chegou a hora de ele, o chefe, morrer. Assim, quer se despedir. Um momento triste e comovente. Ele então se deita, fecha os olhos e se prepara para a morte. Há um minuto de silêncio. Finalmente, o velho pergunta: "Ainda estou neste mundo?" O personagem de Hoffman responde: "Sim, vovô." O chefe então se põe sentado, encolhe os ombros e diz: "A magia às vezes funciona, às vezes não."

Se esse for o seu estilo, seguir rigorosamente os registros históricos é algo desnecessário. As coisas não precisam funcionar sempre para serem verdadeiras ou merecedoras de confiança. Você gosta de ter um elemento de mistério em sua vida, mesmo nas principais decisões empresariais. Quando Michael Ovitz era o agenciador de talentos mais poderoso de Hollywood, contratou I. M. Pei – um arquiteto de renome mundial – para projetar a nova sede da Agência de Artistas Criativos. Embora Ovitz fosse conhecido como um cauteloso administrador de fundos, o custo do prédio foi de muitos milhões de dólares. Ovitz exigiu, no entanto, que a construção do novo prédio seguisse os princípios de uma antiga tradição espiritual chinesa conhecida como feng shui. Ou seja, mesmo no ambiente nada místico das negociações de Hollywood, certas decisões extrapolavam os limites da razão pura.

Se o seu estilo de liderança é estudar atentamente o que foi testado e comprovado, você provavelmente está mais perto dos cientistas em sua orientação. Presta atenção nos dados acumulados e estuda os resultados passados para prever resultados futuros.

Se, em vez disso, gosta de tentar coisas que não podem ser quantificadas ou verificadas, você tem a tendência a um pouco de magia em seu enfoque de liderança.

Como você vê seus concorrentes?

Para o propósito dessa pergunta, a palavra *concorrentes* diz respeito a pessoas que estão dentro e fora de sua organização. Pode se referir a alguém do mesmo nível em uma empresa ou então a outra empresa que fabrica o mesmo produto ou oferece o mesmo serviço que a sua. Em qualquer dos casos, o modo como você vê seus concorrentes é um indicador-chave de seu estilo de liderança.

Você os vê como oponentes em uma batalha ou como pessoas iguais a você que estão fazendo o melhor que podem? Ou, ainda, como profissionais influentes capazes até de ajudá-lo a revelar o que há de melhor em si mesmo?

Martin, por exemplo, era um bem-sucedido fabricante de roupas infantis que tinha como clientes grandes lojas de departamentos. Seus produtos, de alta qualidade, eram sempre entregues no prazo e ele tinha poucos problemas com devoluções. Portanto, temporada após temporada, seus clientes retornavam a ele.

Enquanto isso, Stan, seu concorrente no ramo de roupas infantis, odiava a simples menção à empresa de Martin. Não queria ouvir falar a respeito de sua última linha nem saber qual loja estava vendendo o quê. Para ele, esse tipo de conversa era uma traição. Só de pensar no sucesso de Martin, sua pressão subia, embora Martin certamente trabalhasse para merecê-lo.

David, recém-chegado ao mesmo setor, logo percebeu que Martin era alguém a ser observado caso quisesse ter sucesso algum dia. Assim, adquiriu o hábito de visitar lojas de departamentos para estudar os tipos de produto enviados por Martin a cada temporada. Durante suas reuniões com compradores que também operavam com Martin, ele lhes perguntava o que gostavam e o que não gostavam em seu concorrente. Via Martin não como um inimigo, mas como um catalisador para desafiar a si mesmo.

Alguns anos depois, em um jantar de premiação promovido pela indústria de vestuário, uma associação de compradores homenageou David. Ele se levantou para receber o prêmio e expressar sua gratidão às pessoas com quem trabalhava. Em seguida fez uma pausa e verbalizou um agradecimento a Martin por ter lhe mostrado como a coisa realmente devia ser feita. Stan, é claro, ficou chocado. Para ele, o comportamento de David era profundamente irracional. Mas para David, o vencedor do prêmio, aquilo fazia todo o sentido.

O que você acha disso?

O QUE VOCÊ GOSTARIA QUE AS PESSOAS DISSESSEM A SEU RESPEITO?

O que você acha de preparar um sucessor?

Para alguns indivíduos em posições de liderança – e mesmo para alguns que, sem dúvida, poderiam ser chamados de mestres em liderança –, a ideia de que em algum momento terão que largar as rédeas parece ameaçadora. Eles preferem não alimentar esse tipo de pensamento. Certos professores, por exemplo, não gostam de saber que seu substituto se saiu bem em sua ausência. Algumas pessoas relutam em fazer um testamento, embora no fundo saibam que é uma providência aconselhável e prudente.

Afinal, preparar um sucessor não envolve apenas o esforço de encontrar e preparar um candidato apropriado, mas também a ideia de que não somos indispensáveis. Essa percepção entra em conflito com a forma como certos líderes dirigem sua organização.

Um exemplo é o caso de Michael Eisner, da Disney, que, ao ser submetido a uma cirurgia de ponte de safena, deixou preocupados os acionistas da empresa, que de repente constataram que pouco havia sido feito para preparar um sucessor dele, caso isso se tornasse necessário. Eisner voltou rapidamente ao trabalho e continuou a dar pouca atenção a quem poderia vir depois dele. Obviamente, era algo que o incomodava. A ideia de que não haveria liderança depois dele fazia parte de seu estilo de liderança.

Outros líderes não se incomodam com esse assunto. Pelo contrário, consideram a garantia do futuro da organização como parte importante de suas responsabilidades. E sentem que, além da estabilidade do grupo maior, os próprios esforços e vitórias serão protegidos se essas transições forem implementadas sem dificuldade.

Ao responder a essa pergunta, pense em como se sente quando se imagina deixando a liderança. Vê isso como mais uma responsabilidade ou como uma necessidade desagradável? Ou será que nem quer ouvir falar disso?

Se você pudesse escutar escondido uma conversa sobre seu estilo de liderança, o que mais gostaria de ouvir?

Esta pergunta final é talvez a mais reveladora de todas. Se você pudesse escutar, sem ser visto, alguém que o elogiasse ou o descrevesse de alguma forma, qual seria o comentário que mais gostaria de ouvir? Que você colabora com todos? Que é considerado rigoroso, mas justo? Ou que é acessível, apaixonado pelo trabalho e gentil com a equipe? As possibilidades são infinitas. Você terá que pensar bem. Reflita com calma. Você pode até preferir escrever sua resposta na forma de um diálogo imaginário. Os insights podem ser muito gratificantes, além de ser divertido imaginar uma conversa em que você só ouve coisas boas a respeito de si mesmo.

Isso conclui nosso processo de autoavaliação. Agora responda às questões correspondentes na seção "Em ação". Quando terminar, leia suas respostas. Isso o fará descobrir se você é basicamente um líder inspirador, organizacional ou se ainda está em transição para criar um estilo pessoal.

Lembre-se, este é apenas um retrato momentâneo, não uma escultura de pedra destinada a durar para sempre. Como o mundo ao seu redor, você ainda está em construção. O objetivo deste exercício é lhe dar uma visão precisa de onde você está agora.

EM AÇÃO

Continue sua autoavaliação respondendo às perguntas a seguir. Mais uma vez, tenha em mente que, para obter os melhores resultados, você precisa ser honesto consigo mesmo. Além disso, tente evitar respostas breves e generalizadas. Escreva o máximo que puder em cada resposta, incluindo circunstâncias, pensamentos, emoções e pessoas – detalhes internos e externos que vão transformar sua resposta em algo útil para você trabalhar mais tarde. Quanto mais você escrever, mais obterá com o processo.

1. Como você se sente quando se envolve em um confronto? Explique em detalhes.

2. Você é cientista ou mágico? Justifique sua resposta

3. Como vê seus concorrentes? Dê exemplos.

4. O que você acha de preparar um sucessor?

5. Se você pudesse escutar escondido uma conversa sobre seu estilo de liderança, o que mais gostaria de ouvir?

15

Liderança equilibrada I: saúde geral

*O alto desempenho resulta do
equilíbrio entre trabalho e lazer.*

– Dale Carnegie

Vamos começar este capítulo fazendo uma observação que pode surpreendê-lo. Ela se refere aos limites do sucesso na liderança, ou melhor, ao fato de que o verdadeiro sucesso não deve ter limites. Todos nós já ouvimos falar de pessoas que alcançaram grandes feitos na carreira, que se tornaram empresários de sucesso ou presidentes de grandes empresas, mas cuja vida pessoal era caótica. Elas dedicaram todo o seu tempo ao trabalho e tiveram a própria saúde e o bem-estar da família comprometidos.

Esses indivíduos não são mestres em liderança, pois não conseguem se conduzir com proficiência nas áreas mais importantes da vida. Parte do problema pode ser uma confusão a respeito do que é realmente importante e do que não é tão importante, a respeito de quais são os meios e de quais são os fins. Eles podem estar tão obcecados em alcançar determinados objetivos que perdem o controle de seus valores essenciais.

"Não acho que seja possível ser um grande gerente ou um grande executivo sem ser uma pessoa completa", diz o presidente de uma empresa internacional de sistemas de informática. "Você pode ser um bom executivo e ganhar dinheiro para a sua empresa, mas se não se dá bem com seu cônjuge e seus filhos, você está perdendo uma parte importantíssima da vida."

Alguém disse certa vez: "Apesar do que possa ter feito por si mesmo ou pela humanidade, se você não deu amor e atenção à sua família, o que realmente conquistou?" Na verdade, quem disse isso não foi apenas "alguém", mas Lee Iacocca, ex-CEO da Chrysler Corporation. Ele se referia à necessidade de perspectiva ou maestria da liderança em todas as áreas da vida. Nas páginas seguintes abordaremos táticas e técnicas que o ajudarão a atingir esse equilíbrio, o que lhe dará mais energia e concentração para dedicar à sua carreira.

SINERGIA

Talvez você já esteja familiarizado com uma palavra que descreve esse processo: *sinergia*. Esse termo se refere à interação de duas ou mais forças de tal forma que seu efeito combinado é maior que a soma de seus efeitos individuais. Na vida de todo ser humano, as duas maiores forças são o desejo de realização pessoal e o desejo de realização profissional, os quais são sinérgicos. O sucesso em um deles é capaz – ou deveria ser capaz – de promover o sucesso no outro.

Neste capítulo, nossa abordagem para alcançar o equilíbrio será dividida em duas partes. Em primeiro lugar, analisaremos como você poderá fortalecer os próprios recursos a fim de desenvolver uma perspectiva equilibrada. Em seguida, veremos como isso pode ser aplicado à vida cotidiana. É um processo duplo: treinamento e desempenho, juntamente com aprendizagem e aplicação.

O presidente de uma empresa de relações públicas com destaque nacional certa vez observou que "uma vida bem-sucedida deve ser multidimensional, incluindo a família, os amigos, o lazer e a saúde". No presente momento, até que ponto você se sente feliz nesses quesitos? É provável que, como muitos, não esteja acostumado a pensar nisso ou então prefira evitar esses assuntos. No entanto, é preciso ter disciplina para encará-los. Um novo tipo de disciplina, mas importante para o domínio da liderança. Trata-se de olhar para quem realmente somos e perguntar: "É essa pessoa que eu realmente quero ser?" Se a resposta for "não", você tem trabalho a fazer. Na verdade, você tem trabalho a fazer mesmo que a resposta seja "não exatamente" ou "ainda não". Lembre-se: sucesso não é sucesso a menos que seja completo. E não é alcançado a não ser que englobe todas as áreas de sua experiência.

Falando de forma mais específica, uma vida verdadeiramente equilibrada requer, em primeiro lugar, um bom nível de saúde física. Suas rotinas de comer, dormir e se exercitar estão levando você na direção que deseja ir ou na direção oposta?

Entrando em forma

Entrar em forma não significa treinar para uma maratona, mas sim fazer alguma atividade física. Diversos estudos revelam que mesmo uma rápida caminhada ao redor do quarteirão três vezes por semana traz grandes benefícios em comparação a não fazer nada. Você pode iniciar os exercícios moderadamente, mas com o firme propósito de se ater a suas metas. Billy Blanks é um mestre em tae kwon do que somou seus conhecimentos de artes marciais a seu carisma pessoal e os transformou em uma técnica de exercícios físicos que chamou de tae bo (junção de tae kwon do com boxe). Um de seus conselhos aos iniciantes é que aprumem o corpo e digam a si mesmos que podem ser vencedores. Funciona, pois o pensamento negativo e o desânimo drenam suas energias antes mesmo que você inicie alguma coisa. São o equivalente mental a um peso de 25 quilos nas costas! À medida que for evoluindo, você pode ir aumentando seu nível de atividade. No início, porém, tenha em mente que bastam doze minutos de exercícios quatro vezes por semana para colocá-lo no caminho certo. O que é menos de uma hora a cada sete dias, o equivalente a assistir a um seriado semanal.

Na sede de uma instituição financeira de âmbito mundial na cidade de Nova York, uma sala de ginástica muito bem equipada foi instalada junto ao gabinete do presidente. Todos os funcionários são incentivados a utilizá-la. Na verdade, o presidente da empresa pretende triplicar o espaço. Ele diz: "Gosto de ver os funcionários virem para cá depois do trabalho em vez de irem para academias espalhadas pela cidade. Eles conversam uns com os outros e trocam ideias, o que é bom para todo mundo."

Repouso adequado

Assim como a boa forma e a atividade física são fundamentais para a maestria da liderança pessoal, o descanso adequado também é. Os americanos estão trabalhando mais que nunca. O que pode ser bom, se não fosse o fato de eles também estarem dormindo menos que nunca. A combinação de um longo dia de trabalho com poucas horas de descanso pode ser uma receita para o desastre. Um estudo recente revelou uma correlação direta entre a redução das horas de sono e o envelhecimento físico. Uma pessoa de 30 anos privada de sono, por exemplo, pode aparentar sua idade exteriormente, mas seu corpo pode estar funcionando como o de alguém quinze anos mais velho.

Muita gente se identifica como pessoa matutina ou como pessoa noturna, mas isso pode ser ilusão. Pense bem: durante milhares de anos ninguém sabia o que era uma pessoa noturna. Não havia luz elétrica, tampouco cafeterias abertas 24 horas e programas de TV noturnos. As pessoas se levantavam ao nascer do sol e iam dormir ao cair da noite. A obrigação de alimentar os animais, realizar tarefas domésticas que consumiam tempo, caçar ou cultivar a terra tornava a necessidade de dormir cedo e dormir o suficiente uma questão de sobrevivência. Curiosamente, mesmo com todas essas atividades, as pessoas estavam livres de muitos dos problemas de saúde que afetam a sociedade moderna. Até o início do século XX, os médicos atendiam a poucos casos de ataques cardíacos ou de doenças cardiovasculares. Isso se devia, em parte, ao fato de que as pessoas davam descanso ao coração durante a noite.

Estudos recentes sobre hábitos de sono podem ajudar nesse aspecto. Pesquisadores identificaram uma linha invisível que separa dois diferentes hábitos de sono. Essa linha ocorre às dez da noite. Os hábitos de sono posicionam cada pessoa em um dos lados desses dois espectros. Em um deles estão aquelas que vão para a cama antes das dez. No outro, as que ficam acordadas até muito mais tarde. Se você estiver na segunda categoria, tente fazer alguns ajustes. Caso tenha trabalho a fazer durante a noite, é melhor acordar mais cedo que ficar acordado até depois de meia-noite.

E se você simplesmente não consegue dormir? Em primeiro lugar, consulte um médico para descartar qualquer fator patológico que possa estar perturbando seus padrões de sono. Verifique se viagens recentes, ou frequentes, alteraram seu relógio biológico. Muitas vezes, sobretudo entre aqueles que costumam viajar a negócios, os ritmos do corpo saem do controle ao tentarem se ajustar a fusos horários diferentes.

Se costuma acordar com frequência durante a noite, pode haver algo que você acha que deixou de fazer. Tente identificar o que pode ser. O próprio Dale Carnegie reconheceu esse princípio. "Caso não consiga dormir", aconselhou ele, "levante-se e faça alguma coisa em vez de ficar na cama se preocupando."

Descanso suficiente e exercícios constantes devem ser componentes básicos de nossa vida. Um executivo de Palo Alto, Califórnia, comentou: "Não sou propriamente um frequentador do circuito social noturno. Na verdade, vou para a cama às 9h30 todas as noites. Isso diverte minha esposa e envergonha um pouco nossa filha adolescente. Mas, para ser sincero, acredito que tudo o que consegui realizar profissionalmente foi porque durmo cedo e me levanto cedo. Quando outro cara está desligando o despertador, eu já tive minha primeira boa ideia do dia."

Nutrição e uma dieta equilibrada

Todos precisamos de manutenção e de reabastecimento. Não são apenas doenças ou acidentes graves que podem afetar o ser humano. Como acontece com automóveis ou qualquer outra máquina, o desgaste natural pode ter efeitos a longo prazo.

Uma das formas de evitar qualquer coisa que exceda o desgaste natural é manter uma dieta saudável e bem balanceada. Você toma café da manhã todos os dias? Inclui uma boa quantidade de fibras, frutas, hortaliças e proteínas em sua dieta? Costuma pular refeições? Toma suplementos regularmente? Às vezes ficamos sem combustível ao longo do dia por nossa culpa, justamente quando estamos mais ocupados e mais precisamos de energia.

Assim como os pais são aconselhados a colocar a sua máscara de oxigênio antes de ajudar os filhos a fazerem o mesmo durante emergências em aviões, líderes eficazes precisam se assegurar de que cuidam adequadamente de si mesmos antes de tentarem ajudar outras pessoas em sua organização. Embora pular refeições durante um dia agitado possa parecer um ganho a curto prazo, também pode ter efeitos negativos a longo prazo, tanto em você, como líder, quanto nos resultados financeiros de sua empresa. Sua mente estratégica precisa estar afiada e clara. Sem os devidos cuidados, ficará embotada.

Como os efeitos do desgaste se acumulam aos poucos, detectá-los pode ser difícil. Nutrição adequada e exercícios físicos são fundamentais para uma liderança eficaz. Se você cuida bem do seu carro, deve dedicar pelo menos a mesma atenção ao seu bem-estar – tanto físico quanto emocional.

RELAXAMENTO E TEMPO LIVRE

Além de se manter em boas condições físicas e desenvolver hábitos saudáveis, você também deve reservar tempo para se afastar totalmente do trabalho e apenas relaxar. Se ocupa um desgastante cargo de liderança, férias não são apenas para ter prazer, mas uma necessidade. Elas permitem que você acerte seu relógio biológico, conheça novos lugares e faça novos amigos. E o mais importante: podem lhe oferecer uma chance de se reconectar com as pessoas mais significativas para você. Não é preciso passar semanas na praia. Às vezes, uma rápida viagem em um fim de semana pode ser uma estratégia eficaz para se reenergizar.

EQUILÍBRIO INTELECTUAL E CRIATIVO

Falamos até agora sobre como obter equilíbrio físico e emocional. Mas igualmente importantes são os estímulos intelectuais, e até artísticos, caso você tenha essas inclinações. A educação é um processo que não deve parar nunca. Infelizmente, para muitas pessoas, a verdadeira educação só começa quando já estão na meia-idade.

Para um líder, o aprendizado deve ter um alcance muito além da educação formal. Você pode aprender com todo mundo e com qualquer coisa, mesmo que o conteúdo não tenha uma aplicação óbvia em sua carreira.

Conhecer melhor a história mundial, visitar um museu de arte ou mesmo ler uma revista setorial de outra área – tudo isso poderá aumentar suas interações com outras pessoas, tanto em casa quanto no trabalho. Qual foi a última vez que você esteve na biblioteca de sua cidade? Um proeminente advogado de São Francisco leva para casa quatro livros por mês e os lê, mas nunca olha os títulos antes de escolhê-los. Pegando livros ao acaso, ele desenvolveu conhecimentos de filosofia, história, ficção e até de matemática avançada, o que, muitas vezes, o ajudou em seu trabalho. E mais importante: todo esse repertório o auxilia a sentir que seu mundo está se expandindo continuamente em vez de ficar cada vez menor com o passar do tempo. Os chineses têm um provérbio que diz: "Depois de três dias sem ler, a conversa perde o sabor." Muitas pessoas brilhantes diriam a mesma coisa sobre a vida.

CULTIVANDO O ESPÍRITO

Assim como o intelecto, o espírito também precisa ser cultivado. O que não significa necessariamente uma prática religiosa formal, embora muitas pessoas façam essa escolha. Consciência espiritual é muito importante. As razões podem ser difíceis de expressar em números ou palavras, mas não há como contestar a abundância de evidências.

No fim do século XVIII, ocorreu um motim no *HMS Bounty*, um navio carvoeiro britânico que fora aparelhado para uma expedição botânica ao Pacífico Sul. O capitão William Bligh e dezoito membros da tripulação, que permaneceram leais a ele, foram colocados à deriva em um pequeno bote, com escassos suprimentos de comida e água, enquanto os homens que permaneceram no *Bounty* retiveram um amplo estoque de provisões. Logo de início, o capitão Bligh impôs um estrito racionamento de comida e água. Ele também iniciava e terminava cada dia com orações e leituras de trechos da Bíblia. E, embora o bote tenha navegado durante semanas, não houve perda de vidas e, milagrosamente, o moral das pessoas permaneceu alto. Quando finalmente foram resgatados, Bligh e seus homens atribuíram sua sobrevivência à atenção que tinham dado às necessidades espirituais, como se comida e água fossem menos importantes. Vale notar que os amotinados, que ficaram com o navio, logo mergulharam na discórdia e na violência.

Talvez você não se sinta como se estivesse à deriva em um pequeno barco. Ou às vezes se sinta assim. Em qualquer caso, você tem uma dimensão espiritual que precisa ser respeitada e desenvolvida. Para muitos indivíduos que fazem isso, os benefícios são claros. Eles têm menos problemas de saúde relacionados ao estresse e sofrem menos com ansiedade e outros distúrbios psicológicos. De modo geral, parecem ser imunes a sentimentos de desespero e solidão. Esses são os fatos. Use-os em seu benefício. Reserve algum tempo para a dimensão espiritual de sua vida.

Na verdade, o próprio tempo é o elemento-chave para um estilo de vida equilibrado. Analisaremos esse assunto com mais detalhes no próximo capítulo.

EM AÇÃO

1. No início deste capítulo, discutimos o equilíbrio em todos os aspectos de sua vida como líder. Em uma escala de 1 a 10 (1 sendo muito infeliz e 10 sendo extremamente feliz), avalie sua felicidade nas seguintes áreas de sua vida:

    Família

    1   2   3   4   5   6   7   8   9   10
    Muito infeliz   *Extremamente infeliz*

    Amigos

    1   2   3   4   5   6   7   8   9   10
    Muito infeliz   *Extremamente infeliz*

    Passatempos pessoais

    1   2   3   4   5   6   7   8   9   10
    Muito infeliz   *Extremamente infeliz*

    Saúde

    1   2   3   4   5   6   7   8   9   10
    Muito infeliz   *Extremamente infeliz*

    Agora releia cada escala e liste pelo menos três coisas que pode fazer para melhorar sua avaliação em cada categoria.

2. Caso você queira ser um líder realizado, também é necessário manter o equilíbrio na área do bem-estar físico. Avalie seu estado de saúde nas áreas a seguir e então faça as alterações necessárias para melhorar sua avaliação em cada uma delas:

    Sono

    1   2   3   4   5   6   7   8   9   10
    Não o bastante   *Bem descansado*

Exercícios

| 1 | 2 | 3 | 4 | 5 | 6 | 7 | 8 | 9 | 10 |

Faço muito pouco   *Faço regularmente*

Alimentação

| 1 | 2 | 3 | 4 | 5 | 6 | 7 | 8 | 9 | 10 |

Muito pouco saudável   *Excelente*

3. Neste capítulo, mencionamos um proeminente advogado que pega quatro livros por mês na biblioteca e os lê. O truque é que ele nunca olha os títulos antes de escolhê-los, o que lhe proporciona amplos conhecimentos em uma variedade de assuntos. Faça isso também. Fixe uma data e pelo menos uma vez pegue quatro livros às cegas na biblioteca e os leia. Anote todos os conhecimentos ou revelações que obtiver com as leituras.

4. Seguir algum tipo de prática espiritual melhora sua vida. Com as enormes responsabilidades que estão sempre enfrentando, os mestres em liderança costumam sentir-se mais à vontade quando têm alguma base de fé e confiança. Você já incorporou alguma dimensão espiritual em sua vida? Em caso afirmativo, escreva três passos que pode seguir para cultivá-la ainda mais.

16

Liderança equilibrada II: tempo e família

Acima de tudo, seja construtivo.
– Dale Carnegie

No capítulo anterior, falamos sobre saúde física. Vimos como cuidar da mente, do corpo e do espírito é fundamental para a maestria da liderança. Agora abordaremos dois outros aspectos da saúde como um todo: tempo e família.

Você pode comer bem e se exercitar regularmente, mas, se sentir que está sempre com pressa e que nunca tem tempo suficiente durante o dia, o estresse pode anular seus esforços. Da mesma forma, desfrutar de plenitude espiritual sem a alegria de relacionamentos familiares íntimos não completará o círculo de equilíbrio em sua vida.

Fazer as pazes com o tempo e criar conexões vitais com seus entes queridos são ingredientes essenciais para a saúde e o bem-estar pessoal.

TEMPO: SEU RECURSO MAIS VALIOSO

O tempo é de fato o recurso mais valioso que um líder possui. E também um dos mais desafiadores e interessantes: independentemente de seu patrimônio líquido, sua renda anual ou seu cargo, você tem exatamente a mesma quantidade de tempo que todo mundo. Nem um minuto a mais, nem um minuto a menos. O bom gerenciamento do tempo é, portanto, a arte de usar cada 24 horas do melhor modo possível.

Quer se trate de montar uma organização eficiente, planejar as férias ou assegurar um casamento bem-sucedido, a pressa parece ser uma condição comum a todo mundo, em todas as idades e níveis de renda. Estudantes fazem malabarismos entre trabalhos de faculdade e empregos de meio período. Pais lutam com as demandas conflitantes da carreira e da educação dos filhos. Atualmente, muitas pessoas se veem duplamente pressionadas pelo tempo, tentando atender às necessidades da família e, ao mesmo tempo, cuidar de pais idosos. As diretrizes simples que se seguem podem funcionar como um ponto de partida para que você se reorganize, se achar que está perdendo tempo. Sinta-se à vontade para adicionar métodos próprios de sucesso a fim de obter o máximo dentro do tempo que tem disponível. No final deste capítulo, você encontrará etapas de ação que poderão ajudá-lo.

Use uma agenda

Em primeiro lugar, adquira o hábito de usar algum tipo de agenda – manual ou eletrônica. Leve-a sempre com você para que mudanças na programação possam ser registradas imediatamente e, pelo menos uma vez por semana, verifique para onde o seu tempo está de fato indo. Preste atenção especial no modo como você passa as horas em que não está no trabalho.

Em segundo, evite lacunas que drenam energia e desperdiçam tempo. Assistir à televisão, ficar conectado às redes sociais e/ou assistir a séries em aplicativos de *streaming* são, possivelmente, os exemplos mais comuns. Embora possam ser relaxantes e até mesmo educativos, esses passatempos podem roubar horas preciosas que talvez fossem mais bem usadas em outras coisas. Se você tem esses hábitos, use a agenda para determinar quanto tempo passará fazendo isso. Em seguida, faça um plano para reduzir esse tempo ao mínimo.

Em terceiro, seja realista quanto ao que consegue realizar no tempo de que dispõe. Tentar fazer mais do que pode o mergulhará numa crise de tempo permanente. Ainda que aplique tudo o que aprendeu nesse programa, você encontrará problemas se programar dez horas de atividades em um espaço de sete horas. Para muitas pessoas, um passo importante é saber dizer "não" a obrigações adicionais sempre que possível.

Em quarto, lembre-se deste princípio importante: "Quando se trata de ser organizado, qualquer coisinha ajuda." O caos desperdiça tempo.

A ordem o recupera. Ao implementar um programa de gerenciamento do tempo, comece devagar e não desista. Identifique três ou quatro áreas problemáticas em casa e no trabalho. Em seguida, dedique quinze minutos por dia a resolver os problemas detectados, mesmo que leve uma semana ou um mês. Não passe para outros problemas até que os primeiros sejam resolvidos.

Em quinto, faça seu tempo ocioso valer a pena. Existem momentos ociosos no dia a dia de todo mundo – podem não durar mais que alguns minutos, mas é possível usá-los para se dedicar a coisas que precisam ser feitas. Esperar em um consultório médico ou aguardar que o carro seja lavado são exemplos disso. Usando dez minutos por dia com eficiência, você consegue adicionar algumas horas à sua programação semanal.

O último comentário sobre a administração do tempo envolve o conceito de sinergia discutido anteriormente. Todos os métodos que você usa para desenvolver qualidades de liderança em sua vida pessoal funcionam juntos. Em outras palavras, você não gerencia seu tempo em um vácuo. Quando estiver em forma, cheio de energia e dormindo bem, por exemplo, você descobrirá que a administração do tempo se tornou muito mais fácil. Em última análise, este capítulo sobre o equilíbrio diz respeito a um princípio simples: estar no controle de sua vida sem permitir que ela controle você.

FAMÍLIA

Temos conversado muito sobre como fortalecer seus recursos. Vamos agora examinar as circunstâncias em que podem ser empregados na sua vida particular. Para a maioria das pessoas, tudo começa com a família. Importante lembrar que o modelo tradicional de família – isto é, um cônjuge e filhos – é cada vez mais apenas uma parte de um quadro muito amplo de como as pessoas vivem. Portanto, quando mencionamos a palavra "família", tenha em mente que ela abrange todos os modelos do que pode significar: famílias extensas, famílias com um só filho, famílias monoparentais, pessoas não casadas ou mesmo um grupo de amigos íntimos que funcione como um sistema de apoio familiar. A maneira como sua família está estruturada é menos importante do que o tempo e o cuidado que você dedica a ela.

A família é nossa unidade organizacional mais importante. Embora os laços sanguíneos sejam inerentemente poderosos, você recebe de uma família o que investiu nela. Isso é verdade tanto no que se refere aos pais quanto no que se refere ao cônjuge e a todos os relacionamentos primários. Assim como a espiritualidade parece aumentar a sensação geral de bem-estar das pessoas, a família também é capaz de nos proteger e enriquecer. Segundo pesquisas, famílias que se reúnem regularmente para comemorar eventos importantes e feriados tendem a ter menos disfunções que aquelas que não o fazem. A mesma energia que você usa para representar um líder em público é também necessária na vida particular. Lou Gerstner, ex-presidente e CEO da IBM, fez essa conexão. Durante um discurso de abertura que fez na Carolina do Norte, ele disse ao público: "Seja nos negócios, no serviço público ou na família, destaque-se."

A família é um ambiente em que duas experiências complementares podem ocorrer. Podemos ser quem realmente somos e, ao mesmo tempo, descobrir ou explorar novas partes de nós mesmos. Se você é pai ou mãe, alguns de seus desafios mais difíceis – assim como suas maiores recompensas – estão em seu relacionamento com os filhos. Uma vez mais, o ex-chefe da Chrysler Lee Iacocca nos oferece um ponto de vista importante: quando ainda estava na Chrysler, Iacocca instruiu os funcionários a lhe repassar imediatamente todas as ligações dos filhos.

Ao estar totalmente disponível para os filhos, Iacocca lhes enviou uma mensagem poderosa sobre o lugar ocupado pela família em sua lista de prioridades. É de imaginar que o sucesso de Iacocca no mundo corporativo foi igualado ao seu sucesso com os filhos.

TORNANDO-SE VERDADEIRAMENTE RICO

A atitude de Iacocca nos leva a uma pergunta interessante: "Qual o critério a ser usado para determinar o sucesso na idade adulta?" Uma infância bem-sucedida parece fácil de definir: protegida, segura, saudável e estável. Superficialmente, o sucesso na idade adulta é quantificado em termos de dinheiro. Mas seria esse critério útil ou preciso? O que significa de fato o dinheiro? O que deveria significar e o que nunca poderá significar? Qual é a atitude correta a ser adotada pelo líder com relação ao dinheiro?

Ao longo da história, a questão central em torno do dinheiro foi, por muito tempo, conseguir o suficiente para garantir a sobrevivência. A preocupação da maior parte das pessoas era garantir o jantar na mesa. Hoje, parte da população permanece abaixo do nível de pobreza, mas as pressões mais comuns com relação ao dinheiro mudaram. A angústia provocada pela necessidade foi amplamente substituída pela angústia provocada pelo desejo.

Lidar com essa angústia pode assumir muitas formas. Em uma extremidade do espectro, há indivíduos que vivem de acordo com o mantra "Não se preocupe, seja feliz". Eles simplesmente não se preocupam com dinheiro, como outras pessoas. Isso não está em sua programação genética. Não se preocupam com seus gastos nem com o "e se" da aposentadoria. Não passam noites em claro. Apenas vão em frente. Ponto. No outro extremo estão as muitas pessoas que se preocupam incessantemente com dinheiro e não têm o suficiente. Psicólogos relatam que esse é o maior medo que a maioria das pessoas tem, superando até mesmo o medo de morrer ou de contrair doenças graves.

Você se encontra em alguma das posições extremas ou está em algum ponto entre uma e outra? A resposta, claramente, é encontrar o equilíbrio. Um pouco de cautela e planejamento pode evitar a maioria dos problemas financeiros. Saber como se livrar de preocupações sem-fim é igualmente importante. Nesse caso, a verdadeira posição de liderança está no meio, no ponto de equilíbrio.

A LIDERANÇA BEM-SUCEDIDA É UM ATO DE EQUILÍBRIO

Como vimos, o equilíbrio é indispensável para a maestria da liderança pessoal: equilíbrio entre prudência e liberdade; entre trabalho e descanso; entre carreira e família; e entre bem-estar material e consciência espiritual. Liderança na vida pessoal significa investir na própria felicidade. Ninguém espera, por exemplo, que uma grande organização funcione sozinha, sem nenhum projeto, sem nenhuma direção, sem nenhuma diretriz e sem nenhuma liderança. Uma empresa não é um forno autolimpante. Da mesma forma, você também não pode esperar que sua vida particular funcione sozinha. Se não assumir o controle de sua vida, alguém ou alguma outra coisa o fará.

TRANQUILIDADE MENTAL

A ideia de trazer riqueza às suas experiências diárias e de assumir o controle de sua vida nos leva à última lição de liderança deste capítulo, o qual – e talvez isto o surpreenda – não terminará com um estrondo. Na verdade, a última recomendação nada mais é do que paz e sossego.

Solidão e tranquilidade mental são a chave para uma liderança equilibrada e eficiente. Tempo e espaço para pensar, para reconectar-se com a natureza e desenvolver a capacidade de ficar sozinho devem ser prioritários em sua vida. Muitas pessoas acham difícil sentar-se em um espaço silencioso. Os ruídos e a necessidade de conexão permanente são vícios, e muitos de nós os temos em alto grau. Quanto mais eletrônica se torna nossa sociedade, mais dispositivos precisamos ligar e mais nos afastamos desta experiência simples, mas essencial, que é a contemplação silenciosa. Não se engane. Não confunda solidão com tempo morto ou tédio. Com a prática, você será capaz de restaurar suas energias e reduzir o estresse diário reservando algum tempo para permanecer sozinho, tranquilo e em silêncio.

Acima de tudo, lembre-se de que, ao se levantar de manhã, você tem o poder de criar um dia bom ou um dia ruim. Ou você vai aproveitar a vida nas próximas 24 horas, ou não vai. Lembre-se de que essas horas jamais voltarão. Há centenas de coisas que podem irritá-lo, preocupá-lo ou aborrecê-lo. Não permita que isso aconteça. Não permita que pequenos eventos o desanimem. Se grandes eventos o deixarem desanimado, examine-os bem para se certificar de que são realmente grandes.

Agora que tem estratégias para aplicar à sua vida pessoal e fortalecer seus recursos, você está bem encaminhado para o lado privado da liderança. Sem uma vida pessoal feliz e gratificante, o sucesso profissional é apenas um emprego. Mas quando as muitas dimensões de cada dia estão repletas de desafios, compromissos, amor e humor, as possibilidades são infinitas.

EM AÇÃO

1. A seguir estão listadas as medidas que você pode tomar para organizar melhor o seu tempo. Algumas ações específicas também estão

incluídas. Coloque um ✓ ao lado das que você acredita ter dominado e um X ao lado das que você acha que precisa melhorar. Em seguida, redija um plano de ação incluindo pelo menos três etapas que você pode seguir para dominar cada habilidade.

- Compre uma agenda ou use a que estiver disponível em seu dispositivo.

- Comece a usá-la diariamente.

- Evite atividades que consomem muita energia e desperdiçam tempo.

- Tire a televisão do quarto.

- Reduza o tempo de tela.

- Estabeleça metas realistas. Não se sobrecarregue.

- Evite o caos, restaure a ordem em sua vida.

- Preencha o tempo ocioso (durante a lavagem do carro, por exemplo, ou esperando ser atendido em um consultório médico) com atividades como atualizar a agenda ou escrever listas de tarefas pendentes.

- Comprometa-se a criar mais sinergia todos os dias (repouso suficiente, alimentação nutritiva e exercícios).

2. Se você é desorganizado, é possível que descubra ter ganhos com essa desorganização. Por exemplo: você pode estar evitando o momento de assumir todo o seu verdadeiro poder, por estar receoso; isto é, a desorganização lhe dá uma desculpa para que você nunca atinja seu pleno potencial. Assim, faça uma lista de possíveis circunstâncias em que a desorganização pode estar "ajudando" você. Depois reflita

sobre isso e crie um plano de ação para eliminá-la de sua agenda – junto com o bloqueio que produz!

3. Um exemplo de sábia proatividade foi ilustrado pelo CEO que instalou uma sala de ginástica em sua empresa. Escreva três ideias criativas ou inovadoras que você pode implementar em sua organização para criar maior equilíbrio.

4. Cultivar intimidade e conexão com a família é indispensável para alcançar o equilíbrio total. "O pai se esquece", de W. Livingston Larned, é um desses pequenos textos que, escritos em um momento de total sinceridade, ressoam em tantas pessoas. Leia-o e aprenda com ele. Após a leitura, reflita sobre sua vida. Como você poderia se tornar mais paciente (inclusive consigo mesmo e com suas imperfeições)? Antes de condenar, tente entender. Procure descobrir por que fazemos o que fazemos. Isso é muito mais lucrativo e intrigante do que criticar, além de gerar simpatia, tolerância e bondade.

"O pai se esquece", de W. Livingston Larned

Escute, filho: estou dizendo isso enquanto você dorme, com a mãozinha enfiada embaixo da bochecha e os cachos loiros, molhados de suor, colados na testa úmida. Entrei no seu quarto há poucos minutos. Eu estava lendo o jornal na biblioteca quando uma onda sufocante de remorso tomou conta de mim. Senti-me culpado e vim até sua cabeceira.

É que eu pensei numa coisa, filho: fui duro demais com você. Quando você estava se vestindo para ir à escola, eu lhe dei uma bronca porque não tinha enxugado o rosto direito. Depois ralhei de novo porque não tinha limpado os sapatos. E gritei com você porque deixou cair uns objetos no chão.

Durante o café da manhã, também impliquei com umas coisas. Você derramou leite. Engoliu a comida. Colocou os cotovelos em cima da mesa. Passou muita manteiga no pão. Quando você tomou o rumo da escola e eu fui pegar meu trem, você se virou, acenou com a mão e disse: "Tchau, papai!" Mas eu fiz cara feia e respondi: "Endireite os ombros!"

No fim da tarde, tudo recomeçou. Quando eu vinha subindo a rua, vi você de joelhos, jogando bolinha de gude. Suas meias estavam furadas. Então levei você para casa, humilhando-o na frente dos seus amigos. E lhe disse que meias são caras – se fosse você que comprasse, seria mais cuidadoso! Imagine isso, filho, imagine isso dito por um pai!

Você lembra quando, mais tarde, eu estava lendo e você parou à porta da biblioteca com uma expressão meio chorosa? Eu afastei o olhar do jornal, irritado com a interrupção, e berrei: "O que você quer?"

Você não disse nada; veio correndo na minha direção, passou os braços em volta do meu pescoço e me beijou; seus bracinhos me apertaram com o afeto que Deus fez florescer em seu coração e que nem mesmo o descaso pode extinguir. Depois você se afastou e subiu a escada correndo.

Bem, filho, logo em seguida o jornal escorregou das minhas mãos e um medo terrível, nauseante, tomou conta de mim. O que o hábito está fazendo comigo? O hábito de encontrar erros, de repreender – essa era minha resposta a você por você ser um menino. Não que eu não o ame; é que eu estava esperando demais de um menino. Estava medindo você pelos padrões de um adulto.

E havia tantas coisas boas, bonitas e verdadeiras no seu caráter. Seu pequeno coração era tão grande quanto o alvorecer sobre as colinas. Isso ficou demonstrado pelo seu impulso espontâneo de correr até mim e me dar um beijo de boa-noite. Bem, filho, nada mais importa esta noite. Vim até sua cabeceira e aqui estou, de joelhos, envergonhado!

Sei que isso não adianta muito; sei que você não entenderá essas coisas se eu falar sobre elas quando você estiver acordado. Mas amanhã serei um papai de verdade! Vou ser seu amigo, vou sofrer quando você sofrer e rir quando você sorrir. Vou morder minha língua quando ficar impaciente. Vou dizer e repetir como se fosse um ritual: "Ele é só um menino... um menininho!"

Acho que eu via você como um homem. Mas ao vê-lo agora, filho, encolhido e cansado na sua caminha, vejo que é um bebê. Ainda ontem você estava no colo da sua mãe, com a cabeça pousada no ombro dela. Eu tenho exigido demais de você, filho, demais mesmo.

17

Liderança em um novo ambiente de trabalho

Faça perguntas em vez de dar ordens diretas.
– DALE CARNEGIE

TODAS AS PESSOAS QUE ALGUM DIA foram hóspedes de Theodore Roosevelt ficavam surpresas com a amplitude e a diversidade de seus conhecimentos. Quer o visitante fosse um caubói, um veterano da guerra contra a Espanha, um político de Nova York ou um diplomata, Roosevelt sempre sabia o que dizer. Como fazia isso? A resposta é simples. Quando estava à espera de um visitante, ele ficava acordado até tarde, na noite anterior, estudando o assunto pelo qual sabia que seu convidado era particularmente interessado. Pois, como todos os mestres em liderança, ele sabia que o verdadeiro caminho para o coração de uma pessoa é falar sobre as coisas que ela mais valoriza.

Falar sobre os interesses da outra pessoa é compensador para ambas as partes. Howard Z. Herzig, líder na área de comunicação trabalhista, sempre seguiu esse princípio. Quando lhe perguntaram o que ganhava com isso, Herzig respondeu que sempre ganhava alguma coisa, mas que a maior recompensa era uma ampliação de seus horizontes cada vez que conversava com alguém.

HONRANDO A DIVERSIDADE

Os mestres em liderança, hoje, devem se dar bem com todos, não necessariamente como melhores amigos, mas de tal forma que raça, nacionalidade, religião, geração ou escolhas de estilo de vida pessoal não atrapalhem o relacionamento. O presidente de uma grande empresa de manufatura colocou esse princípio em perspectiva. "No século XXI, entre 80% e 85% das pessoas que ingressam na força de trabalho são mulheres, imigrantes ou fazem parte de minorias", segundo ele. "Não estamos falando de um ponto distante no futuro, mas do presente. Portanto, a menos que você queira aproveitar apenas 15% do talento disponível, é melhor se acostumar com a diversidade a partir de agora."

A ignorância, historicamente, sempre esteve na raiz da intolerância. Mas eis o lado bom desse triste fato: a melhor forma de ganhar respeito por outra cultura ou por qualquer outra forma de diversidade é se educar sobre o assunto. O falecido Arthur Ashe certamente tinha talento de sobra como tenista, mas não foi isso que o levou a optar por uma carreira no tênis. "Eu sabia que faria muitas viagens", disse ele certa vez. "Isso era o que eu realmente queria fazer. Queria visitar todos aqueles lugares. Queria ver coisas que só via nas páginas da revista *National Geographic*. Queria ter a oportunidade de aprender sobre elas."

A exposição a qualquer coisa nova pode evocar atitudes muito diferentes em pessoas diferentes. Podemos ficar satisfeitos e até mesmo orgulhosos sobre quem somos como indivíduos e sobre a cultura de onde viemos e desprezar as pessoas que têm outro tipo de formação. Talvez elas não sejam tão sofisticadas tecnicamente, tão bem-educadas ou tão fisicamente saudáveis quanto nós. Essa é uma forma de ver as coisas. Outra é dizer: "Sim, as circunstâncias atuais delas são diferentes das minhas. Mas elas podem ter vindo de uma rica herança teológica ou cultural sobre a qual posso aprender. Podem ter visto coisas que eu nunca vi. Podem saber algo que eu não sei."

Para um mestre em liderança, o segundo ponto de vista é o único que vale.

Hoje, nações fronteiriças podem ter culturas totalmente diferentes, assim como pessoas que moram lado a lado. Essas diferenças devem ser reconhecidas e respeitadas. Após liderar uma força de trabalho muito diversificada durante vários anos, um executivo de informática oferece um conselho excelente: "Evite fazer comparações. Tente não dizer nada que soe como 'Aqui fazemos as coisas assim.'" As pessoas se sentem insultadas se você sugerir que o modo como fazem as coisas é de alguma forma inferior, quer você esteja se referindo à casa ou ao país de origem delas.

Ponha-se no lugar do outro

Em termos práticos, o primeiro passo para se sentir à vontade com a diversidade é simples. Coloque-se no lugar da outra pessoa. Não importa quais sejam as diferenças, todos somos seres humanos que vivem e respiram, e nossas semelhanças são na verdade muito mais pronunciadas do que nossas diferenças. Procure o que todos temos em comum. Todos temos pressões em casa, todos queremos ser bem-sucedidos e tratados com dignidade, respeito e compreensão.

A empatia – ou a capacidade de enxergar o mundo através dos olhos de outra pessoa – é algo que um líder precisa aplicar diariamente. As pessoas sempre quiseram ser tratadas como indivíduos, mas hoje veem a individualidade de muitas formas novas. Não se trata mais apenas de dizer "Bom dia" ou "Obrigado". É preciso descartar muitos pressupostos etnocêntricos e ocupar seu lugar com muito mais consciência.

Em algumas partes do mundo, bem como no âmbito de certas raças e religiões, por exemplo, um indivíduo é considerado rude se for demasiado amistoso ou questionador. Da mesma forma, muitas pessoas preferem que encontros rotineiros de negócios sejam apenas isso, sem muitas perguntas nem conversa-fiada; não se trata de hostilidade, é só uma necessidade de distância social. Outras culturas, é claro, têm expectativas diferentes: não sorrir, não dizer "Olá" e não trocar cumprimentos são considerados um insulto, mesmo que você esteja com pressa. Se esses dois pontos de vista baterem de frente, sem que uma pessoa saiba muito sobre a outra, haverá problemas. Isso é o que acontece quando as pessoas não se educam sobre a diversidade para que a empatia real se torne possível.

Fazendo as pessoas se sentirem importantes

Em vez de fazer as pessoas se sentirem diferentes, muitos líderes de sucesso as fazem se sentirem importantes. Isso requer mais que alguns gestos ou elogios. Trata-se de um processo que envolve pequenos detalhes, às vezes durante um significativo período de tempo.

Uma executiva da indústria de vestuário descreve sua experiência com essa atitude. "No fim da década de 1980 e início da de 1990, a coisa ficou difícil para nós", diz ela. "Mas nossos funcionários foram maravilhosos e nos ajudaram a enfrentar a situação, e eles vêm de todas as partes do mundo.

Gosto de pensar que isso aconteceu porque, ao longo dos anos, criamos uma sensação de proximidade real, sem deixar de reconhecer nossas diferenças. Descobrimos o que elas significam e o que não significam. Certamente não as ignoramos, pelo contrário, aprendemos a olhar para além delas."

Nessa empresa em particular, reconhecer diferenças significava corrigir gentilmente um executivo visitante quando ele se referia às funcionárias como "meninas". Significava ajudar um jovem a superar seu medo de dirigir na rodovia, para que pudesse chegar ao trabalho na hora. Significava aprender espanhol. Significava deixar aberta a porta do gabinete do presidente.

Anos atrás, uma corretora de seguros se mudou para um prédio que abrigava vários outros escritórios. Em seu primeiro dia no local, o presidente da agência bateu na porta do escritório ao lado para se apresentar. Um jovem abriu a porta, e o corretor, surpreso, sentiu um forte aroma de incenso. Por trás do jovem, viu uma sala mal iluminada, tapeçarias e obras de arte exóticas. Parecia algo saído de um conto de fadas, mas era o escritório de uma fábrica de joias. O jovem e seu irmão eram os donos da empresa. Haviam chegado recentemente do Líbano e estavam ansiosos para trabalhar em um país onde bombardeios e guerra civil não fizessem parte da rotina.

Embora o corretor de seguros e os fabricantes de joias tivessem ideias muito diferentes a respeito de como deveria ser um local de trabalho, eles se tornaram bons vizinhos e, por fim, amigos íntimos. E aprenderam uns com os outros, não só sobre o trabalho como também sobre todos os aspectos da vida de cada um. Aprenderam a se ver como indivíduos, não como símbolos ou estereótipos de alguma civilização alienígena.

TERCEIRIZAÇÃO DE TRABALHO PARA PAÍSES ESTRANGEIROS

Uma das tendências mais polêmicas nos negócios americanos é a transferência de trabalhos industriais para outros países. A polêmica se deve tanto à possibilidade de que trabalhadores americanos estejam sendo privados de empregos quanto à possibilidade de que trabalhadores estrangeiros estejam recebendo salários baixos demais. São questões complexas, mas não há dúvida de que, em alguns países, a sobrevivência é muito difícil.

Ao visitar uma fábrica no Sudeste Asiático, o proprietário de uma grande indústria americana ficou profundamente consternado ao ver as péssimas condições de trabalho no local. Ficou claro para ele que aqueles trabalhadores aceitavam qualquer trabalho que pudessem conseguir. Por acaso, o executivo americano fora aluno de Dale Carnegie e se lembrou de uma história que o mestre contara muitas vezes. Era sobre James A. Farley, gerente de campanha de Franklin Roosevelt durante as décadas de 1920 e 1930. Farley tinha o hábito de escrever os nomes de todas as pessoas que encontrava em suas viagens pelo país. E muitas vezes se lembrava deles, o que significava centenas de pessoas. Certo dia, ao voltar para casa após semanas na estrada, Farley deu início a algo que considerava importante: enviar uma carta assinada a cada indivíduo que conhecera. Era uma política inteligente, mas também um gesto que deve ter significado muito para milhares de indivíduos que lutavam para sobreviver durante a Grande Depressão e a Segunda Guerra Mundial. Muitos provavelmente guardaram a carta de Jim Farley pelo resto da vida.

Inspirado nessa história, o executivo americano que visitava a fábrica do Sudeste Asiático, antes de retornar ao hotel, obteve uma lista com o nome e o endereço de todos os trabalhadores da fábrica. Já em casa, enviou uma carta a cada um deles, tarefa que demorou várias semanas. Ele não sabia nem pronunciar muitos dos nomes, mas tinha consciência de que era algo que os operários jamais esqueceriam. Ele também reconhecia que era uma das coisas mais positivas que já fizera em sua carreira empresarial. Não porque tivesse lhe rendido dinheiro, mas justamente porque não rendeu.

Como líder, você deve estar ciente das sensibilidades regionais – altamente carregadas – dos locais de trabalho hoje. Pequenos gestos são mais importantes que nunca. Retornar uma ligação, lembrar um nome e tratar as pessoas com respeito, tudo isso contribui para a maestria da liderança. Não atentar para essas coisas pode ser apenas um simples descuido, mas tem chances de ser interpretado como algo muito mais sério por pessoas que se sentem vulneráveis e sem autoridade.

Como relata um executivo publicitário de Chicago: "Gestos pequenos, mas significativos, são o que separa você da multidão. Você precisa adquirir o hábito de fazer as pessoas se sentirem únicas e importantes, sobretudo quando elas não se sentem assim. Você precisa dizer 'Apesar de nossas diferenças, temos muita coisa em comum. Estamos juntos nisso. Suas preocupações são as minhas preocupações.'"

Na verdade, isso nada mais é do que aplicar a regra de ouro dos locais de trabalho: trate todos como colegas, não seja paternalista, não seja condescendente e, acima de tudo, não repreenda.

BAIXA AUTOESTIMA

Considerando as drásticas mudanças na força de trabalho americana, por que tantos gerentes não estão conseguindo captar essa mensagem? Por que algumas pessoas ainda não têm acesso igualitário no tocante a contratações e promoções? Por que as empresas se resignam a perder milhões de dólares em processos judiciais quando os abusos vêm à tona? O motivo, frequentemente, é a baixa autoestima. Não por parte das vítimas, mas dos indivíduos que ostensivamente detêm o poder. "Os gerentes se sentem expostos", diz o vice-presidente de um grande banco de investimento. "Acham que seu ego está sempre em jogo. Muitos deles são pessoas decentes, mas, quando deparam com alguém que não sabe como eles são importantes, ficam tensos. Adotam um estilo presunçoso. Não são realmente bruscos nem rudes, mas acham que devem agir assim. Trata-se de uma compensação excessiva para sua própria sensação de desassossego."

Essa máscara funciona? Não muito. Como explica o executivo do banco: "As pessoas raramente respondem a intimidação ou manipulação; e, quando você está lidando com pessoas de culturas ou origens diferentes, os efeitos nocivos desse comportamento são agravados pela desconfiança já presente. Para impedir que isso ocorra, os líderes devem fazer um esforço extra a fim de demonstrar consideração e respeito. Hoje em dia não podemos adivinhar como nossas palavras e ações serão interpretadas. É preciso dar um passo a mais."

Outro executivo põe as coisas desta forma: "Nossa mente tem que estar preparada para esquecer nosso cargo e nossa renda. Precisamos nos despojar de todas essas coisas e nos concentrar na contribuição de todos, independentemente da posição que ocupem na empresa." O que é uma coisa muito saudável. Se você não consegue conhecer pessoas sem exibir suas medalhas no peito, talvez não mereça essas medalhas.

Executivos bem-sucedidos em geral são pessoas que passaram anos adquirindo poder e se sentindo bem ao fazê-lo; que aprenderam a se afirmar e passar para a frente da fila. Mas os novos locais de trabalho exigem um pouco de humildade. Isso é especialmente verdadeiro para indivíduos que se distinguiram há cerca de uma década. Embora para eles isso seja um desafio, é também uma oportunidade.

Um executivo do setor imobiliário encontrou uma ótima forma de se livrar de seu impressionante cargo. "Com 30 e poucos anos eu já era presidente de uma empresa", disse ele, "e me sentia muito importante. Depois, em casa, eu trocava a fralda do bebê. Isso me trazia de volta à realidade e me dava perspectiva. Minha família foi, de fato, o que me manteve em equilíbrio."

Outros líderes conseguiram o mesmo pela prática de esportes, pela adesão a crenças religiosas ou frequentando associações de pais e mestres. Os mestres em liderança fazem o que for preciso para ver as coisas através dos olhos de outras pessoas, sobretudo se esses olhos estiverem acostumados a observar um entorno muito diferente.

EM AÇÃO

1. Honrar e respeitar a diversidade – bem como manter um ambiente de trabalho que observe esses princípios – é algo essencial para a maestria da liderança. Liste três coisas que você pode fazer para encorajar a diversidade em sua organização.

2. É importante, tanto pessoal quanto profissionalmente, ser capaz de se colocar no lugar do outro. A empatia é um traço que deve ser valorizado e praticado. Você é empático? A próxima vez que se desentender com alguém, reserve algum tempo mais tarde para sentar-se em silêncio e imaginar a situação do ponto de vista daquele indivíduo. Para fazer isso, você deve abrir mão de suas próprias opiniões e seus propósitos. Em seguida, anote quaisquer novas ideias que teve ao praticar este exercício.

3. Às vezes podemos nos perder em nosso ego. Independentemente de quem você seja, é importante ser capaz de se desvencilhar de seu título ou status. Não há verdadeiro poder na arrogância, que apenas afasta você de seus colegas e subordinados. Como você pode cultivar mais humildade em si mesmo? Liste três passos que pode dar para desenvolver ainda mais sua humildade.

18

Diversificando e humanizando sua organização

Mantenha a mente sempre aberta a mudanças.
Receba-as de braços abertos. Corteje as mudanças.

– DALE CARNEGIE

EMBORA A SENSIBILIDADE SEJA ESSENCIAL para um líder, a disposição para desafiar as pessoas com expectativas e responsabilidades também é. Para os recém-chegados à economia americana, o trabalho provavelmente é uma grande parte da vida deles. Eles querem se envolver. Precisam estar engajados. Merecem ser desafiados e estimulados. Não querem que suas opiniões e seus talentos sejam ignorados nem patrocinados. Uma executiva de software do Vale do Silício lida frequentemente com cidadãos da Índia e do Sri Lanka. Ela diz: "O que as pessoas querem é sentir-se importantes. Querem causar impacto. Querem sentir-se influentes."

Como um líder pode conseguir isso com uma força de trabalho cada vez mais diversificada? Embora pessoas diferentes demandem abordagens diferentes, existem certos denominadores comuns. Como explica a executiva de software, além de avaliar os talentos das pessoas, você precisa descobrir como elas avaliam os próprios talentos. Peça-lhes então que façam um pouco mais do que, aparentemente, podem fazer sem dificuldade. Esticar a zona de conforto de um funcionário é assunto a ser tratado com cuidado, claro, mas um bom líder pode fazer esse tipo de desafio parecer lisonjeiro. Aumente um pouco suas expectativas e quase todo mundo corresponderá.

ENVOLVENDO A COMUNIDADE

Mencionamos antes uma grande empresa do setor de produtos domésticos que buscou o apoio de funcionários e membros da comunidade para ampliar seus negócios. Nessa corporação, o mesmo líder continuou elevando as expectativas a níveis totalmente novos.

Para começar, pediu aos trabalhadores da comunidade local que frequentassem áreas que exigiam conhecimentos técnicos altamente qualificados. Assim, quando a empresa precisou projetar um equipamento muito dispendioso, as decisões não foram tomadas exclusivamente por executivos e engenheiros de alto escalão. Uma força-tarefa composta por operários da produção os assessorou e realizou a maior parte das pesquisas de novos equipamentos. Seus membros visitaram empresas capazes de fabricar o material necessário, fizeram avaliações e, mais tarde, emitiram uma recomendação a respeito de onde comprar. Como a fábrica selecionada era na Europa, os membros da força-tarefa passaram algum tempo treinando no exterior. Ao retornarem, o trabalho começou a ser feito juntamente com o pessoal da fábrica. No final, a programação e o controle de qualidade do novo equipamento foram feitos por trabalhadores de linha (muitos dos quais nem sequer falavam a mesma língua que os funcionários do fabricante). Esse tipo de empreendimento transcultural inevitavelmente se tornará mais comum nos próximos anos. As empresas e as lideranças de maior sucesso serão aquelas que souberem tirar proveito desse contexto.

HUMANIZANDO A ORGANIZAÇÃO

A experiência relatada nos leva a um princípio que pode ser expressado muito claramente: os mestres em liderança devem humanizar a organização em todos os níveis. A palavra *humanizar* não afeta questões como lucratividade e retorno para os acionistas. No entanto, a menos que as preocupações filosóficas sejam consideradas, os números financeiros inevitavelmente cairão.

Esforços simbólicos podem desempenhar um papel crucial. A grande mesa executiva, por exemplo, deve se tornar coisa do passado, pelo menos para reuniões ou discussões individuais. A maioria dos líderes de alto escalão usa agora, em reuniões, pequenas mesas de conferência ou mesmo poltronas e sofás, o que torna o encontro mais informal, além de mostrar respeito pelo tempo dos participantes. O propósito de qualquer reunião é compartilhar ideias. Um ambiente mais descontraído pode ensejar criatividade e debates vigorosos.

GARANTINDO QUE OS FUNCIONÁRIOS NÃO SE PERCAM NA MULTIDÃO

O presidente de uma grande empresa farmacêutica foi além do simbolismo. Ele acredita que humanizar uma organização é tão importante que até concebeu a infraestrutura física de suas empresas tendo isso em mente. "Acho que dez mil funcionários trabalhando no mesmo ambiente é uma receita para o desastre", diz ele. "Isso acaba com qualquer esforço para fazer as pessoas se sentirem importantes e únicas. Quando você sai do carro pela manhã e caminha pelo estacionamento juntamente com um exército de outros funcionários, é natural que se sinta desvalorizado como ser humano. Você pensa: 'Se eu desaparecesse agora, será que alguém notaria?'"

Para a empresa farmacêutica, a solução foi se distribuir entre 32 locais. Um deles é grande, com 1.900 funcionários, mas os outros abrigam de trezentas a seiscentas pessoas. "Por isso", diz o presidente, "os indivíduos que andam pelo estacionamento sabem o nome uns dos outros, e trabalhar numa atmosfera assim é divertido e interessante. Há uma sensação de esforço compartilhado, que é uma coisa maravilhosa de se ver em qualquer força de trabalho diversificada".

Cada vez mais empresas estão começando a compartilhar esse mesmo pensamento. Instalações de quatrocentas a seiscentas pessoas estão substituindo fábricas gigantescas. "Não se trata realmente de economizar dinheiro", diz outro executivo. "O mais importante para nós é que as pessoas construam relacionamentos. Quando você começa a se aproximar de mil funcionários, a compreensão e a empatia desaparecem, sobretudo no nível de supervisão. E você tem que criar um departamento inteiro para lidar com problemas que podem ser tratados no nível individual. Montar um departamento é caro. Logo, tanto do ponto de vista humanístico quanto do puramente financeiro, é melhor manter baixo o número de pessoas."

Decisões como essa são de vital importância, e não apenas para os altos executivos. Hoje, todos devem ser líderes no tocante a novos locais de trabalho. Todos nós, independentemente do cargo, chegaremos mais longe e realizaremos mais coisas se nos respeitarmos e compreendermos mutuamente. Embora isso seja mais importante agora do que nunca, não é uma ideia nova. Anos atrás, Dale Carnegie a aplicou a pessoas do mundo inteiro. "É estranho", disse ele certa vez. "As pessoas em um país se sentem superiores a todas as pessoas de outro país; mas as pessoas do outro país estão convencidas de que eles é que são superiores. É uma situação em que ambos os lados podem não estar certos e, na verdade, estão muito errados. Ninguém é superior a ninguém em termos humanos básicos. Os líderes devem entender essa verdade e transmiti-la a todos os que encontrarem."

REVISANDO ALGUMAS SUPOSIÇÕES BÁSICAS

Antes de chegarmos ao final deste capítulo, é importante perceber que algumas de suas premissas básicas terão que ser brevemente revisadas. Até agora, por exemplo, adotamos a perspectiva de que os líderes dos novos ambientes de trabalho provêm de grupos demográficos semelhantes aos de trinta anos atrás e que as únicas mudanças ocorreram entre operários ou gerentes de nível médio. O que, é claro, está longe de ser verdade e se torna menos verdadeiro a cada dia que passa. Líderes notáveis de todos os gêneros, etnias e gerações vêm ganhando destaque nos últimos anos. Entre eles, o falecido Roberto Goizueta, da Coca-Cola (nascido em Cuba), a ex-secretária de Estado Madeleine Albright (nascida na Tchecoslováquia) e a imensamente popular Oprah Winfrey (tida como a mulher mais influente dos Estados Unidos). Não muito tempo depois de se aposentar, Michael Jordan tornou-se coproprietário de um time da NBA, ingressando em uma das maiores elites americanas. Em suma, a presença desses e de muitos outros líderes de origens amplamente diversas deverá promover grandes mudanças no cenário empresarial.

Para os novos grupos que estão assumindo posições de liderança nos Estados Unidos, o desafio é mais complexo e talvez até mais difícil do que foi para seus predecessores. É provável que seus antepassados tenham sido imigrantes em algum momento – a não ser que fossem descendentes de nativos americanos – e, não raro, sentiam-se pressionados a abandonar sua identidade étnica, dependendo de suas novas posições de poder. Por essa razão, os Estados Unidos eram frequentemente descritos como o cadinho no qual a verdadeira expressão do americanismo estava se dissolvendo junto à massa derretida. Já os novos grupos de líderes minoritários não sentem essa necessidade. Em sua maioria, estão determinados a manter e celebrar suas origens diversas no contexto de seu poder e de suas responsabilidades. Será interessante verificar se – e como – essa tendência mudará nossas expectativas em relação aos líderes.

Talvez você seja um desses novos líderes ou uma das pessoas que tornam possível o surgimento de novas lideranças nos cambiantes locais de trabalho. Você pode estar apenas iniciando sua caminhada nesse cenário novo e empolgante. De qualquer forma, as oportunidades são abundantes de cima a baixo.

EM AÇÃO

1. Em um dos exemplos anteriores de liderança eficaz, o proprietário de uma empresa pediu que vários membros de sua equipe pesquisassem e implementassem novos sistemas na organização. Essa tática foi benéfica para todos os envolvidos. Em uma escala de 1 a 10, avalie sua competência em delegar responsabilidades e capacitar outras pessoas.

   1   2   3   4   5   6   7   8   9   10
   Delego muito pouco   *Delego frequentemente*

2. Pesquise sobre líderes da atualidade ou do passado que sejam mulheres ou pertençam a minorias (raciais, religiosas ou outras). Encontre pelo menos dois que você tenha em alta estima e escreva uma pequena lista de motivos pelos quais os respeita. Em seguida, incorpore essas características ao seu estilo de liderança.

3. Um CEO anteriormente mencionado dividiu sua empresa em várias instalações menores para que seus funcionários não se sentissem

perdidos na multidão. Embora medidas drásticas talvez não sejam necessárias na sua organização, que pequenas medidas você poderia tomar para que seus funcionários se sintam únicos e ouvidos, além de importantes colaboradores para os resultados financeiros da empresa? Liste três novas etapas de ação que você poderá realizar para lhes incutir um senso de integração ainda maior.

19

Táticas e técnicas práticas

Bernard Shaw certa vez afirmou: "Se você ensinar alguma coisa a um homem, ele jamais aprenderá." Shaw tinha razão. O aprendizado é um processo ativo. Aprendemos fazendo. Assim, se você deseja dominar os princípios que está estudando neste livro, faça algo a respeito. Aplique-os sempre que puder. Se não fizer isso, você os esquecerá rapidamente. Só o conhecimento que usamos permanece em nossa mente.

– DALE CARNEGIE

OS PRINCÍPIOS DE LIDERANÇA são diretrizes para o dia a dia. Projetos, planos e teorias são necessários, mas chega uma hora em que temos que colocá-los em prática. Você não vai obter uma carteira de motorista só porque passou no teste escrito. Terá que sentar-se ao volante e aplicar seus conhecimentos no trânsito. Como líder, você vive em um mundo orientado para resultados. Precisará dirigir com destreza e velocidade.

Enquanto as estratégias constituem o projeto, as ações são o martelo e os pregos que lhe permitirão alcançar a maestria da liderança. Caso deseje estabelecer uma organização superior e desenvolver seu potencial como líder, as táticas e técnicas apresentadas aqui formam um conjunto de ferramentas imprescindível.

DOMINANDO O PROCESSO DE TOMADA DE DECISÕES

Falaremos primeiro sobre a tomada de decisões, um dos pontos que definem a maestria da liderança. Apesar de existir um vasto conhecimento teórico sobre o assunto, a chave para a eficiência aqui não é tanto tomar a decisão, mas colocá-la em prática. Todos nós enfrentamos decisões difíceis tanto na carreira quanto na vida pessoal, decisões com claras vantagens e desvantagens. Às vezes parece que a melhor forma de tomar uma decisão é jogar uma moeda para o alto. Diante de situações assim, muitos mergulham em um estado de paralisia mental. Em organizações maiores, até a própria decisão final pode ser posta de lado para estudos adicionais.

O *workout* de Jack Welch

Jack Welch, ex-CEO da General Electric, é um dos líderes corporativos mais admirados do mundo. Com um Ph.D. em engenharia, ele é com certeza um pensador de longo alcance com forte orientação prática. De todas as inovações que Jack Welch trouxe para a General Electric ao longo de seus vinte anos como CEO da empresa, a que ele considera mais importante foi o processo de tomada de decisões conhecido como *workout*. Quando um problema é detectado em qualquer nível da empresa, alguns funcionários se reúnem para discuti-lo até chegarem a uma solução consensual. Feito isso, enviam ao seu supervisor uma descrição do problema, juntamente com a solução sugerida. O supervisor deve dar uma resposta, positiva ou negativa, no espaço de 24 horas. Nenhuma discussão adicional é permitida.

Welch acredita que o *workout* transformou totalmente a cultura corporativa da GE, pois capacita os funcionários e os leva a pensar de forma proativa sobre o que podem realizar. Além disso, elimina a burocracia que sobrecarrega muitas organizações de grande porte. Afinal, se os indivíduos que lidam com o problema já encontraram uma solução, uma interferência por parte do líder dificilmente seria útil.

Se a solução proposta for aceita, tanto o moral quanto a eficiência do grupo serão beneficiados. Se for rejeitada, o grupo retém o poder de rever o problema e chegar a uma solução melhor. Do ponto de vista da liderança, o elemento-chave no processo de *workout* é a retirada do líder da fase de discussões. Não há necessidade de um líder nesse momento, pois todos já aprenderam a liderar a si mesmos. Alguns anos antes, esse processo teria parecido inconcebível em muitas organizações, mas provou seu valor numa das empresas mais bem-sucedidas do planeta. E, na opinião de Jack Welch, vale literalmente milhões e até bilhões de dólares.

Como líder, o que você pode aprender com o *workout* da GE? Quer você escolha ou não implementá-lo em sua organização, o processo pode lhe dizer algo sobre os benefícios do envolvimento de uma equipe, sobre a delegação de poderes e sobre o cumprimento de decisões tomadas. Mas a verdade é que o verdadeiro desafio proposto por uma decisão só começa depois que ela foi tomada.

ARTICULE CLARAMENTE AS EXPECTATIVAS

Nossa segunda tática diz respeito ao puro bom senso. Ignorá-lo provoca interrupções na comunicação, frustração por parte de líderes e membros da equipe e oportunidades perdidas em todos os níveis da organização. Como definir essa técnica de liderança aparentemente óbvia? É muito simples: comunique às pessoas o que se espera delas e deixe claro o que elas podem esperar de você.

Eis um exemplo. Meg Legman é dona de uma pequena rede de lojas de artigos para festas no sul da Flórida. Há alguns anos ela contratou Lindsey para reorganizar as vitrines e os mostruários das lojas. O senso de iniciativa demonstrado por Lindsey logo a impressionou: ela convenceu Meg a abrir um espaço no centro de sua maior loja para abrigar uma mesa e algumas cadeiras. A ideia era cobrir a mesa com mercadorias da loja para que os clientes tivessem a impressão de que estavam em uma festa elegantemente decorada.

A iniciativa foi um sucesso estrondoso. Todos os meses, Lindsey mudava o tema da decoração. Os clientes adoraram a ideia e as vendas aumentaram. As pessoas saíam da loja cheias de ideias, e seus carrinhos de compras abarrotados refletiam seu entusiasmo. Quando Meg decidiu desenvolver um site para sua rede de lojas, Lindsey lhe pareceu a escolha ideal para o trabalho. Meg queria que o site fosse um serviço totalmente interativo de consultoria para festas. Os clientes obteriam ajuda desde os estágios de planejamento até os últimos detalhes da festa. A ideia era ótima e Lindsey parecia a pessoa perfeita para fazê-la funcionar. Foi então que os problemas começaram.

Lindsey passou a ficar na loja até tarde todas as noites, criando programas, fazendo pesquisas sobre a competição e corrigindo *bugs*. Chegava a levar trabalho para casa. Embora estivesse gostando de trabalhar no projeto, começou a se ressentir das responsabilidades adicionais que Meg lhe atribuíra. Perguntava a si mesma se não estaria sendo explorada. Sua carga de trabalho estava muito mais pesada agora, pois continuava com suas responsabilidades anteriores, mas ninguém fora contratado para ajudá-la. Assim, uma tensão entre as duas começou a se manifestar. Finalmente, cerca de um mês antes de o site ficar pronto (e logo no movimentado Dia de Ação de Graças), Lindsey largou o emprego. Meg precisou ralar durante o restante da temporada de férias sem uma pessoa competente para ajudá-la. Após esse incidente, Meg acabou negociando o retorno de Lindsey. Mas aprendeu uma importante lição: sem Lindsey e sem o site, ela não aproveitou devidamente as vendas de Natal, nas quais vinha apostando. Um ano proveitoso terminara com uma nota amarga.

A lição é a seguinte: certifique-se de que as pessoas saibam exatamente o que se espera delas. Se as expectativas mudarem, assegure-se de discutir os resultados. Lindsey entrou no emprego para fazer determinado trabalho e se saiu bem. Mas a quantidade de trabalho aumentou, o que geralmente é um saudável sinal de talento e empenho árduo. O problema é que Meg e Lindsey jamais conversaram sobre o significado dessas mudanças em termos de horas, qualificações e responsabilidades acrescidas. Os problemas foram finalmente resolvidos, mas não sem que danos consideráveis ocorressem.

Um mestre em liderança precisa definir claramente as responsabilidades e as expectativas, seja com um novo funcionário, seja com um funcionário antigo assumindo novas responsabilidades. E mais: essas responsabilidades e expectativas precisam ser reavaliadas regularmente.

SÓ FAÇA PROMESSAS QUE PUDER CUMPRIR

Seja muito cuidadoso quando fizer promessas. Se fizer alguma, assegure-se de mantê-la, principalmente se incluir salários, bônus ou qualquer outro assunto relacionado a dinheiro. Um fato peculiar sobre a natureza humana é que pouquíssimas pessoas esquecem uma promessa relacionada a dinheiro. Quer seja dinheiro emprestado a alguém ou um aumento de salário, ou mesmo outros compromissos pecuniários, você pode ter certeza de que a promessa jamais será esquecida, mesmo que não seja verbalizada.

Evite ambiguidades e confusão

O cumprimento responsável de promessas exige que não haja ambiguidades nem confusão. Faça sempre uma distinção clara entre o que é uma promessa e o que não é.

Suponha que um empreiteiro diga a um chefe de equipe que seu pagamento poderá ser feito no próximo dia útil. Uma informação assim acaba caindo em uma área cinzenta, onde as coisas podem ser mal interpretadas. O chefe de equipe provavelmente ficará contando com o pagamento e ficará frustrado ou irritado caso ele não seja feito. Mas, seja qual for a reação do funcionário, a falha foi do líder. Uma grave falha de comunicação. Ele precisava ser mais claro: estava fazendo uma promessa ou só especulando sobre um acontecimento futuro? Portanto, escolha suas palavras com o mesmo cuidado que dedica às promessas.

USE O HUMOR SEMPRE QUE POSSÍVEL

Outra tática importante é: em situações de liderança, use o humor de forma adequada e generosa. O riso é a distância mais curta entre duas pessoas. Assim, por que pegar o caminho mais longo se o atalho é muito mais divertido? Essa técnica é melhor, é claro, se você for uma pessoa de fato engraçada, mas pode ser usada por quase todo mundo. Mesmo indivíduos que não são conhecidos por sua presença de espírito têm seu senso de humor característico, que podem cultivar e usar em proveito próprio. O segredo é ser você mesmo. O humor pode ser definido de muitas formas, todas igualmente eficazes. Para um gerente, pode ser afixar um cartum do Dilbert no quadro de avisos à porta de seu gabinete; para outro, contar uma anedota apropriada no início de uma reunião do conselho ou enviar um e-mail engraçado para os funcionários.

Alguns anos atrás, o editor de um jornal de Chicago era famoso por seu senso de humor. Cerca de uma vez por mês, com uma cara muito séria, ele encarregava algum repórter incauto de cobrir uma história inventada. Como não queria que sua equipe passasse muito tempo perseguindo pistas falsas, por mais engraçadas que fossem, ele dava ao repórter um telefone de contato. O repórter ligava então para o número informado, que obviamente não era uma legítima fonte de notícias. Sem que ele soubesse, algum amigo do editor estaria do outro lado da linha. Após cerca de cinco minutos de conversa estranha, o repórter acabava caindo na gargalhada, percebendo que fora enganado. Para deleite de todos, o editor entrava na sala, fazia uma rápida saudação à sua última vítima e voltava ao trabalho. Quinze anos depois, os repórteres que trabalharam naquela redação ainda se lembram de lá como um lugar bastante agradável.

Nunca subestime o poder do humor. E, quando se trata de humor, trabalhe com o que tem. Sua equipe gostará da atmosfera que você cria.

É POSSÍVEL SER RESPEITADO E QUERIDO

O tema do humor traz à tona uma velha questão sobre a filosofia da liderança: é melhor ser amado ou respeitado? Resposta: os indivíduos que ocupam cargos de liderança, em sua maior parte, preferem o respeito ao afeto da equipe. Surpreendentemente, essa resposta está errada. Até a pergunta está errada. Enquadrar afeto e respeito como um dilema "ou isto, ou aquilo" é uma percepção equivocada de como a liderança de fato funciona. Você pode gostar de alguém por quem não sente respeito? A falta de respeito não gera uma boa quantidade de raiva?

Há uma boa chance de que a separação entre gostar e respeitar seja falsa. Mas, mesmo que a aceitemos como válida, os líderes que dizem preferir ser respeitados na verdade estão dizendo que preferem ser temidos. Talvez porque eles mesmos se sintam assustados ou inseguros. Portanto, tente pensar de forma diferente sobre esse assunto. Ser amado ou respeitado são simplesmente duas dimensões da maestria da liderança. Compreender e implementar essa percepção é essencial para um líder.

DOMINAR A COMUNICAÇÃO INDIVIDUAL É INDISPENSÁVEL

A seguinte tática é fundamental para a maestria da liderança: a comunicação individual. Conversas privadas e *tête-à-tête* são extremamente importantes quando você precisa se conectar com membros da equipe. Contudo, grande parte dos líderes costuma se preparar muito mais para falar em público do que para envolver os funcionários em interações privadas.

Em outras palavras, você pode ser um orador no nível de Winston Churchill, mas, quando estiver sozinho com um membro da equipe, deve estabelecer um tipo de comunicação muito diferente, que tem as próprias diretrizes e armadilhas.

Pela própria natureza do ambiente restrito, o que se passar entre o líder e o membro da equipe será sempre importante. Mas não para escrutínio público. É uma chance de conversar na intimidade. Se você não está exatamente sob um microscópio, está pelo menos sob uma lupa, com seus pontos fortes e fracos aumentados. Quanto mais pressão houver no ambiente de trabalho, mais importante será para o líder controlar esses encontros de modo eficaz.

Todos os dias, nas torres dos aeroportos, controladores de tráfego aéreo se responsabilizam por centenas de voos e milhares de vidas. O ótimo desempenho é mantido em grande parte pela pressão dos colegas e pela atenta vigilância do supervisor. Quando a pressão começa a se manifestar no desempenho de algum controlador, a primeira resposta do líder é uma conversa particular com o indivíduo. Embora seu objetivo principal seja aliviar o estresse, a conversa é também uma chance para que o líder decida se o problema é temporário ou se colocará em risco a vida de pessoas. Isso exige o domínio da interação pessoal. Um erro nessa situação pode levar a algo bem mais desastroso.

Vazamentos são pequenos buracos que aparecem na imagem que você está apresentando. Nesse jogo *tête-à-tête* você precisa evitá-los. Três deles estão listados a seguir. Algum soa familiar?

- Em primeiro lugar, não olhe disfarçadamente para o relógio; isso será notado.

- Em segundo, se alguém supostamente mais importante passar, não desvie o olhar.

- Em terceiro, não atenda telefonemas desnecessários e não tente parecer mais importante que seu interlocutor. Quando alguém compartilhar um problema com você, não comece a contar como resolveu um problema semelhante ainda mais difícil.

Erros são extremamente comuns em encontros individuais, mas um mestre em liderança sempre sai ileso.

EM AÇÃO

1. Como líder, você é bom em tomar e manter uma decisão? Ou hesita muito antes de chegar a uma conclusão final? Você se questiona e muda de ideia com frequência? Evita tomar decisões até a última hora? O que você pode aprender com o processo de *workout* da GE? Liste pelo menos duas coisas que você pode fazer para melhorar sua capacidade de tomar decisões.

2. Ambiguidade e confusão, especialmente com relação a dinheiro, podem ser prejudiciais para você e sua organização. Você é sempre claro quando se trata de dinheiro? Sempre firma contratos antes de assumir obrigações trabalhistas? Costuma fazer promessas que não pode cumprir? Escreva uma lista de ações mediante as quais você poderá melhorar a clareza de suas comunicações. Em seguida, incorpore essas ações em sua rotina diária.

3. Levar humor a um ambiente de trabalho pode trazer benefícios a todos. Neste capítulo, você recebeu algumas ideias sobre como fazer isso. Escreva um plano de ação divertido ou humorístico para sua organização, incluindo pelo menos cinco etapas que possa implementar. Dê a si mesmo permissão para se divertir e pensar fora da caixa. Em seguida, coloque suas ideias em prática na organização. Afinal, além de levantar os ânimos, o riso desperta entusiasmo, sociabilidade e produtividade.

20

Coerência, competência e comunicação telefônica

Você provavelmente achará difícil aplicar essas sugestões o tempo todo. Sei disso porque, apesar de ter escrito o livro, muitas vezes acho difícil aplicar tudo o que defendi. Por exemplo, quando alguém está insatisfeito, fica muito mais inclinado a criticar e condenar do que a entender o ponto de vista do outro. Muitas vezes é mais fácil encontrar erros do que motivos para elogios. É mais natural falar sobre o que você quer do que sobre o que a outra pessoa quer. E assim por diante. Portanto, ao ler este livro, lembre-se de que você não está apenas absorvendo informações. Está tentando formar novos hábitos. Sim, você está procurando um novo estilo de vida. O que exigirá tempo, persistência e aplicação diária.

— Dale Carnegie

SEJA COERENTE

A TÁTICA DE LIDERANÇA ENFOCADA a seguir se aplica a todas as suas ações, sejam conversas privadas, apresentações públicas ou até sua assinatura. Seja coerente. Essa é uma das qualidades que mais apreciamos nos outros, sobretudo em um líder.

A coerência, claro, não está necessariamente relacionada à inépcia. Ser coerente não significa que você não possa ser criativo nem que esteja no piloto automático. Tampouco significa falta de imaginação e de ideias novas. A verdadeira coerência, com efeito, exige percepção plena e esforço consciente. Os mestres em liderança sabem que fazer esse esforço gera confiança e motiva os liderados a fazer um esforço extra.

OS QUATRO ESTÁGIOS DA COMPETÊNCIA

A tática seguinte – na verdade, várias táticas reunidas em uma – constitui um paradigma de desempenho extremamente útil, também conhecido como os quatro estágios da competência. Esse modelo, de origem não muito clara, costuma ser usado para explicar os estágios pelos quais as pessoas passam ao aprender uma nova prática.

Ao usar esse paradigma em suas interações de liderança, você poderá discernir onde cada pessoa se encontra em seu desenvolvimento profissional. Trata-se de um primeiro passo para promovê-las a um nível superior.

Incompetência inconsciente

Resumindo, existem quatro estágios de competência em qualquer empreendimento, seja tocar piano ou fazer uma apresentação de vendas. A incompetência inconsciente é o estágio mais baixo. Sem querer fazer pouco caso (porque todos já passamos por isso), o incompetente inconsciente é alguém que, além de não ser qualificado, não tem consciência disso.

Ted Baxter, o apresentador fictício de um telejornal no *Mary Tyler Moore Show*, fazia transmissões desastrosas noite após noite e depois saía se exibindo pela redação, completamente alheio ao que ocorrera. O que é engraçado na televisão, é claro, pode ser desastroso no mundo real.

Como líder, seu desafio é reconhecer quando uma pessoa está nessa situação e ajudá-la a elevar seu nível de desempenho. Se você acha que as pessoas nesse estágio de competência são minoria, pense novamente. Um estudo publicado no *The New York Times* revelou que muitos americanos costumam superestimar a própria competência em uma ampla variedade de áreas. Quer estejam concorrendo ao prêmio de melhor cantor ou superestimando sua habilidade na gramática, nos esportes ou na aritmética, eles de fato não têm consciência da própria incompetência. Pense nisso a próxima vez que tiver que avaliar o desempenho da equipe.

Incompetência consciente

Neste estágio estão os indivíduos que não vêm tendo um bom desempenho mas têm consciência disso. O que é um grande passo à frente. São honestos consigo mesmos e estão cientes de seus desafios, o que representa uma grande oportunidade para eles e para a organização em que atuam. O fato de estarem cientes de suas deficiências os coloca em posição de melhorar. O que só acontece, evidentemente, se tiverem disposição e capacidade para isso.

Competência consciente

A competência consciente, por sua vez, representa o domínio de uma habilidade e o conhecimento disso. Um líder pode contar com as pessoas neste patamar para realizar com êxito os trabalhos que lhes são atribuídos. Seu nível de desempenho – com a combinação certa de treinamento, direção e bons hábitos de trabalho – torna-os confiáveis. Praticamente todo mundo é capaz de alcançar este estágio. Tudo o que se faz necessário é uma linha de ação, disciplina, disposição e desejo de obter sucesso.

Competência inconsciente

Nem todo mundo pode atingir o nível final de domínio intuitivo e instintivo que chamamos de competência inconsciente. Nem todo mundo pode ser um Michael Jordan ou um Tiger Woods. Quando tinha apenas 12 anos, o lendário jogador de xadrez Bobby Fischer jogou contra alguns dos maiores enxadristas do mundo. Num jogo contra um adversário muito mais experiente, Fischer fez uma jogada aparentemente irracional: entregou sua rainha sem qualquer benefício aparente. O objetivo desse sacrifício só se materializou 12 movimentos depois. O próprio Fischer admitiu que não o anteviu de forma consciente. Intuitivamente, sentiu que aquele lance arriscado era a coisa certa a ser feita. O brilhantismo de Fisher era tão instintivo que suas jogadas viraram um processo inconsciente.

Como líder, todos os indivíduos com quem você entrar em contato estarão em algum ponto do espectro de competências. É seu trabalho determiná-lo de forma precisa. Logo você perceberá como essas avaliações o ajudarão a atribuir responsabilidades, racionalizar as expectativas e determinar o treinamento necessário para cada pessoa, até para si mesmo.

Agende reuniões semanais com os gerentes

O próximo ponto é simples: mantenha contato direto com todos os seus gerentes ou líderes pelo menos uma vez por semana. Por mais seguras que sejam, por mais saudáveis que sejam seus egos, as pessoas não gostam de trabalhar no vácuo. Querem ter seus esforços reconhecidos, gostam de saber que alguém os notou. Pense em dois times disputando a final da Copa do Mundo em um estádio vazio. Ambos continuarão jogando um bom futebol, mas não da forma que jogariam em um estádio com cem mil torcedores. Assim, pelo menos uma vez por semana deve ser agendada uma reunião *tête-à-tête* entre o líder e o maior número possível de membros do quadro gerencial. Observe, porém, que a comunicação precisa ser recíproca, bidirecional. Mantendo o encontro como um diálogo mútuo, você obterá informações valiosas, e os membros da equipe gostarão muito de saber que alguém reconhece o trabalho deles.

Richard Lovett, presidente da CAA, a agência de talentos mais poderosa e lucrativa de Hollywood, transformou o envio de e-mails em uma forma de arte: todas as manhãs, ao ligar o computador no trabalho, cada funcionário da agência encontra uma mensagem de Lovett. Ele ainda costuma enviar regularmente mensagens personalizadas para seus principais colaboradores.

Se alguém que representa as maiores estrelas do mundo do entretenimento encontra tempo para fazer isso, você também pode encontrar.

SEMPRE RESPONDA DENTRO DE 24 HORAS

Essa tática, que também se aplica a e-mails e mensagens instantâneas, é destinada mais especificamente a chamadas telefônicas. Sempre responda a telefonemas dentro de 24 horas.

A próxima vez que tiver um momento livre, dê uma olhada em seu escritório. Qual é o item mais perigoso que vê? Mesmo que você tenha uma armadilha para ursos encostada numa parede, o item potencialmente mais destrutivo em qualquer escritório é o telefone. Bem utilizado, é uma mina de ouro para a realização de negócios; porém, usado de maneira descuidada, é uma bomba devastadora.

Todos os dias usamos esse aparelho para mil interações, que vão desde pedir um almoço rápido até conquistar um cliente importante. Poucos de nós, entretanto, pensamos que falar ao telefone exige uma técnica. Para se ter uma ideia, já durante a primeira ligação telefônica – realizada entre Alexander Graham Bell e seu assistente Thomas Watson – parte da conversa foi mal interpretada.

Em vista disso, você deve cultivar uma boa etiqueta telefônica. A regra básica que transcende todas as outras é a seguinte: sempre retorne uma ligação em 24 horas. Assim como promessas não cumpridas sobre dinheiro, uma chamada não retornada é algo que as pessoas dificilmente esquecerão, quer reconheçam isso ou não. Não por acaso, deixar de retornar um telefonema, em algumas empresas, é motivo de demissão.

Já abordamos várias táticas e técnicas práticas para você aplicar em sua vida profissional: reconhecer os esforços dos outros, cumprir as promessas que faz, usar seu senso de humor, focar na pessoa com quem está falando, manter contato regular e retornar ligações e mensagens em tempo hábil. Algumas são mais fáceis de incorporar do que outras, mas todas estão ao seu alcance. Comprometimento e prática são tudo de que você necessita. Ao transformar as práticas em hábitos benéficos que se perpetuam inconscientemente, você estará dando um grande passo em direção à maestria da liderança.

EM AÇÃO

1. Em qual dos quatro estágios de competência você se encontra no trabalho que realiza?

    - Incompetência inconsciente
    - Incompetência consciente
    - Competência consciente
    - Competência inconsciente

2. A seguir estão listadas as táticas práticas descritas nos dois capítulos anteriores. Marque com ✓ aquelas que no seu entender já domina

e com um X as que precisam de alguma atenção de sua parte. Em seguida, estabeleça um plano de crescimento e integração.

- Reconhece os esforços de outros.

- Mantém as promessas que faz.

- Usa seu senso de humor.

- Concentra-se na pessoa com quem está falando.

- Mantém contato regular.

- Retorna ligações em tempo hábil.

3. Liste três coisas que poderia fazer para otimizar o uso do telefone em seu trabalho. Em seguida, aja de acordo com as ideias que tiver.

21

Lidando com crises: o verdadeiro teste da maestria da liderança

Quando se enfrenta uma crise, a preocupação pode ser um grande bloqueio mental na resolução do problema. Eis alguns fatos fundamentais sobre a preocupação que você precisa conhecer. Em primeiro lugar, se quiser evitar preocupações, faça o que Sir William Osler fazia. Viva um dia de cada vez até a hora de dormir. Não se preocupe com o futuro. Em segundo lugar, a próxima vez que um problema com P maiúsculo o deixar intimidado, tente a fórmula mágica de Willis H. Carrier:
A. Pergunte a si mesmo: "Qual é a pior coisa que pode acontecer se eu não conseguir resolver este problema?"
B. Prepare-se mentalmente para aceitar o pior caso necessário.
C. Com calma, tente melhorar o pior que você já aceitou mentalmente. Em terceiro lugar, lembre-se do preço exorbitante, em termos de saúde, que você pode pagar pela preocupação. Aqueles que não sabem como lutar contra as preocupações morrem jovens.

– Dale Carnegie

Nos anos que transcorreram desde que John Kennedy ocupou a Casa Branca, foram feitas muitas revelações sobre ele e sua administração. Algumas não foram lisonjeiras, mas a grande maioria dos americanos ainda o admira muito. Quaisquer falhas ou indiscrições parecem insignificantes em comparação com seus sucessos. Uma ocasião muito dramática sobressai particularmente. No outono de 1962, os Estados Unidos chegaram mais perto do que nunca de uma guerra nuclear com a União Soviética. Durante a crise dos mísseis cubanos, Kennedy deu mostras de verdadeira liderança, coragem e pensamento criativo nas circunstâncias mais estressantes que se possa imaginar. Hoje, quando as pessoas pensam em John Kennedy, sua conduta durante aqueles treze dias de outubro é uma das primeiras coisas de que se lembram. Foi um momento de definição para Kennedy e para sua administração. Juntamente com sua trágica morte, esse momento marcou definitivamente a trajetória de John Kennedy.

CRISES COMO OPORTUNIDADES DE LIDERANÇA

Tendo isso em mente, podemos extrair uma verdade importante sobre liderança e avaliação de líderes. Simplificando: os líderes são definidos e julgados pelo modo como respondem a uma crise. Quanto pior a crise, mais importante se torna o comportamento do líder. Winston Churchill era tido como um brilhante fracassado até a eclosão da Segunda Guerra Mundial. Lee Iacocca não era muito mais do que um executivo desempregado do setor automotivo até que a Chrysler precisou de alguém para manter a empresa unida. Ainda podemos ver uma crise como uma ameaça a ser enfrentada, mas não podemos esquecer que é também uma oportunidade para praticarmos a maestria da liderança. É a chance que temos de jogar nos times grandes, e o objetivo deste capítulo é ajudá-lo a fazer muitos gols.

Em qualquer crise, seja pessoal ou profissional, existem princípios que um líder deve pôr em prática. Embora isso não garanta que as coisas sairão como você gostaria, pode lhe permitir demonstrar uma verdadeira maestria da liderança. Sua iniciativa para resolver uma crise sempre pode ajudá-lo a evitar problemas semelhantes no futuro.

MOSTRANDO CALMA ANTE UM DESASTRE IMINENTE

No fim da década de 1980 houve uma emergência a bordo de um grande jato que cruzava o país. O avião estava em algum lugar sobre o estado de Iowa quando, subitamente, muitos sistemas de controle vitais entraram em pane. Uma catástrofe, pura e simplesmente. Os danos no sistema interno do avião não poderiam ter sido mais graves. Pilotar a aeronave nessas condições seria como tentar dirigir um carro abrindo e fechando as portas. Assim, o piloto solicitou autorização para efetuar uma aterrissagem de emergência em um remoto campo de pouso em Iowa. Após obtê-la, iniciou a perigosa manobra.

No pouso forçado, algumas pessoas perderam a vida e outras se machucaram. Mas graças à incrível habilidade do piloto, que chegou a ser considerada milagrosa, muitas pessoas sobreviveram.

Os minutos que se passaram entre o início da pane e o pouso forçado dificilmente poderiam ter sido mais assustadores. Mais tarde, porém, quando foram transmitidos pelo noticiário nacional, os diálogos entre o piloto e o controlador de tráfego aéreo soaram como conversas muito calmas entre dois velhos conhecidos. Nada de vozes alteradas nem sinais de estresse, raiva ou medo.

Essa forma de reagir a uma crise é incutida nos funcionários das companhias aéreas já na fase de treinamento e mesmo ao longo de toda a carreira. Isso porque, do ponto de vista prático, é a forma mais eficaz de comportamento. Portanto, grave na mente este primeiro princípio da liderança: ficar agitado quase nunca ajuda e manter a calma quase sempre ajuda.

Resista à emotividade

Como líder, você deve treinar-se para resistir às respostas emocionais instintivas. Obrigue-se a pensar positivamente, mesmo que não acredite nas próprias palavras de apoio. Poucas situações são tão ruins quanto parecem no momento. Mas, ainda que a situação seja tão ruim quanto parece, o melhor a fazer é se comportar como se não fosse. Aja como se as coisas estivessem sob controle e as chances são de que logo estarão. Pergunte a si mesmo: "O que posso fazer para melhorar esta situação? Devo agir com rapidez? Quem poderia ajudar? Depois de fazer o primeiro movimento, qual deverão ser o segundo, o terceiro e o quarto? Como posso avaliar a eficiência das medidas que tomar?"

Uma jovem que chamaremos de Patty usou perguntas como essas para se orientar na crise mais grave de sua vida. No dia seguinte a um checkup de rotina, seu telefone tocou. Seu médico queria que ela voltasse ao consultório o mais rápido possível para fazer mais alguns exames. Os testes feitos durante a avaliação de rotina sugeriam que Patty poderia ter câncer no útero.

Patty ficou arrasada com a notícia. Pensamentos horríveis passaram por sua cabeça. E, quando exames posteriores confirmaram o diagnóstico, ela desmoronou por dentro. Mas como sempre fora uma pessoa forte, que entendia a necessidade de autocontrole em tempos de crise, logo se recompôs.

Começou então a fazer perguntas ao médico e também a fazer pesquisas por conta própria. Aos poucos, os fatos reais relativos à sua situação foram emergindo. No estágio em que se encontrava, o índice de cura de sua doença era de 95%. Patty se concentrou então no fato de que, houvesse o que houvesse, as chances de sobrevivência estavam maciçamente a seu favor. Dezoito meses depois, entretanto, o tratamento quimioterápico ainda não tinha eliminado a doença. Mas Patty concentrou-se nos aspectos positivos de sua situação.

Ela teve que passar por uma cirurgia – mas, pelo menos, uma cirurgia era possível e provavelmente eficaz. "Eu disse a mim mesma para ter fé e não permitir que o medo me destruísse", contou Patty. "Eu me posicionei na atitude mental de que poderia lidar com qualquer coisa que a vida me trouxesse." Felizmente para Patty, sua cirurgia foi bem-sucedida. Quatro anos depois, já não havia nela quaisquer sinais da doença. Ela agora costuma dizer: "Todos os dias começo a vida de novo."

COLOCANDO UMA ORDEM DE "PARAR A PERDA" NO ESTRESSE

Existem muitos modos de treinar a si mesmo para reagir com calma, assim como muitas técnicas para desativar a bomba-relógio que uma crise real parece representar. Dale Carnegie falava em colocar uma ordem de "parar a perda" no estresse. Ordem de "parar a perda" (*stop loss*, em inglês) é o que acontece em Wall Street quando um corretor vende automaticamente uma ação caso ela fique abaixo de determinado valor. Como mestre em liderança, você pode aprender a fazer o mesmo com o estresse, a pressão e a ansiedade.

Em uma crise, por exemplo, pergunte a si mesmo: "Qual é a pior coisa que pode acontecer?" Felizmente, a maioria dos nossos problemas não são situações de vida ou morte. Você pode ter um grande prejuízo financeiro, deixar de pagar uma prestação ou até mesmo perder o emprego. Isso é desagradável? Sem dúvida. Vale o preço cobrado pelo estresse? Com certeza, não.

Identificar o pior resultado possível e enfrentá-lo não significa que você tenha que aceitá-lo. Tampouco significa ficar deitado e acolher o fracasso, sobretudo quando outros dependem de você para levá-los ao sucesso. Significa apenas dizer a si mesmo: "Sim, acho que poderia aceitar esse resultado se não tivesse outro jeito, mas ainda não tenho intenção de deixar que isso aconteça."

DIVIDINDO A CRISE EM SEGMENTOS ADMINISTRÁVEIS

Um desafio sério parece avassalador quando é enfrentado em sua inteireza e força total. Se nos postarmos ao pé de uma montanha e olharmos para cima, pode parecer que o topo está muito longe e que é impossível chegar lá. Assim, em vez de olhar para o alto da montanha, talvez seja melhor olhar para o chão. Podemos nos imaginar dando um primeiro passo, depois outro e mais outro. Esse é, na verdade, o único modo de evitar a paralisia que pode nos dominar quando uma crise surge repentinamente. Como líder, você precisa reduzir as dimensões de uma crise a um tamanho administrável. Para isso, é preciso dividi-la em pequenos segmentos.

Esse conceito é tão fundamental que merece ser destacado. Como os computadores realizam seus cálculos com velocidade tão incrível? Reduzem até os mais complicados problemas a uma série de zeros e uns, formando uma sequência de cálculos minúsculos que podem resultar em algo muito grande. Do mesmo modo, quando os aviões cruzam os Estados Unidos, o plano de voo segue uma lista de pequenos saltos: de Chicago a Des Moines, de Des Moines a Fort Dodge e assim por diante até São Francisco.

O poeta e romancista escocês Robert Louis Stevenson expressou essa ideia de forma muito poética. Ele escreveu: "Qualquer um pode carregar seu fardo, por mais difícil que seja, até o anoitecer. Qualquer um pode fazer seu trabalho, por mais difícil que seja, durante um dia. Qualquer um pode viver com doçura, paciência, amor e pureza até o pôr do sol. E isso é tudo o que a vida de fato significa."

É possível, evidentemente, que, mesmo após dividir uma crise em suas partes componentes, você ainda se sinta bloqueado. Isso acontece e, a essa altura, você pode ter que reconhecer algo que muitas pessoas não gostam de admitir: nem todos os problemas possuem uma solução completa e total. Por mais que desejemos de outra forma, pinos quadrados não se encaixam em orifícios redondos.

RESOLVENDO UM PROBLEMA DE CADA VEZ

Apesar dos melhores esforços de algumas das mentes mais brilhantes da história, não há como transformar chumbo em ouro nem como resolver a quadratura do círculo, tampouco como inventar uma máquina de movimento contínuo.

A questão é a seguinte: se você não consegue encontrar uma maneira de resolver um problema, poderia ao menos encontrar um modo de resolver parte dele? Mesmo na crise mais terrível, quase sempre há algo proativo a ser feito. Concentre sua atenção em encontrar esse algo e faça o que for preciso. Nunca se pode saber aonde isso pode levar.

O falecido Peter Drucker, escritor famoso e filósofo da sabedoria gerencial, fez uma declaração interessante a esse respeito: "Bons gerentes e bons líderes não são pessoas voltadas para os problemas. Por natureza, eles são voltados para oportunidades. Mesmo quando as coisas parecem realmente desanimadoras, eles se concentram no que pode ser feito em vez de se concentrar no que não pode."

Para esse tipo de líder, uma crise é como um jogo de palavras cruzadas. Talvez não conheçam muitas das palavras referidas, mas, mesmo que só conheçam uma, sabem que isso é um passo na direção certa. Portanto, dê esse pequeno passo, custe o que custar.

Pesquisas relacionadas à tomada de decisões revelam que, em sua maioria, as pessoas consideram muito poucas opções, sobretudo quando as apostas são altas. Sempre há coisas positivas que você pode fazer, mas vê-las provavelmente exigirá atenção.

Eis uma regra prática que poderá ser útil: durante uma crise, faça uma lista de pelo menos cinquenta coisas proativas que podem ser feitas. Na verdade, haverá mais de cinquenta, se você realmente pensar no assunto. Pergunte a si mesmo: "Quais são as pequenas mudanças que posso fazer para melhorar a situação? Para quem posso ligar? Como posso minimizar o prejuízo? O que posso fazer para ver a luz no fim do túnel?"

EM AÇÃO

1. Para enfrentar uma crise, é bom resistir à emotividade. Analise uma situação de crise em que você se encontra (ou alguma que tenha probabilidade de acontecer). Avalie seu nível de ansiedade a respeito da situação em uma escala de 1 a 10.

   1   2   3   4   5   6   7   8   9   10
   Nem um pouco preocupado   *Muito preocupado*

2. Agora faça a si mesmo as seguintes perguntas em resposta à situação que considerou na pergunta número 1: "O que posso fazer para melhorar esta situação? Devo agir com rapidez? Quem pode ajudar? Depois do primeiro movimento, quais serão o segundo, o terceiro e o quarto movimentos que devo fazer? Como posso avaliar a eficácia das etapas que estou seguindo?" Após aplicar à situação as cinco perguntas anteriores, trace um plano de ação.

3. Sempre que enfrentar uma crise, você terá a oportunidade de ser proativo e provar seu valor. Em uma crise, idealmente, você deve tentar fazer uma lista de pelo menos cinquenta coisas proativas que pode fazer. Faça agora essa lista com relação à crise mencionada antes.

4. Agora que você já trabalhou proativamente em sua crise (nas questões 1, 2 e 3), escreva como se sente a respeito desse processo. Avalie-se novamente na escala de 1 a 10. Sua ansiedade diminuiu desde que fez os exercícios anteriores?

   1   2   3   4   5   6   7   8   9   10
   Nem um pouco preocupado   *Muito preocupado*

22

Dominando a administração de crises

Eis algumas técnicas básicas para analisar uma preocupação. Primeira: reúna os fatos. Lembre-se de que metade da preocupação no mundo é causada por pessoas que tentam tomar decisões antes de terem conhecimentos suficientes em que se basear. Segunda: após analisar cuidadosamente todos os fatos, tome uma decisão. Terceira: após tomar a decisão, aja. Ocupe-se da execução de sua decisão e descarte qualquer ansiedade acerca do resultado. Quarta: caso você ou qualquer um de seus associados se sinta tentado a se preocupar com um problema, responda às seguintes perguntas: A. Qual é o problema? B. Qual é a causa do problema? C. Quais são as soluções possíveis? e D. Qual é a melhor solução?

– Dale Carnegie

Neste capítulo continuaremos a analisar as iniciativas proativas tomadas pelos mestres em liderança em resposta a crises. A capacidade de administrar crises de forma calma e metódica é o que distingue, geralmente, os líderes dos seguidores.

OS TRÊS PRINCÍPIOS DA ADMINISTRAÇÃO DE CRISES

Os três princípios básicos da administração de crises são, na verdade, desdobramentos de instruções que abordamos no capítulo anterior. Em primeiro lugar, permaneça calmo; em segundo, divida a crise em componentes administráveis; e, em terceiro, veja se pode resolver pelo menos uma pequena parte do problema. Depois volte a analisá-lo cuidadosamente e verifique se há opções que não considerou. Praticar esses três princípios é a base sobre a qual você pode mergulhar mais fundo na situação com a certeza de que está no estado de espírito ideal.

SÓ REFLITA SOBRE O PASSADO SE ISSO O AJUDAR NO FUTURO

A técnica a seguir vem em forma de pergunta e o levará, momentaneamente, de volta ao passado. Ao enfrentar uma crise, pergunte a si mesmo se já lidou antes com algo parecido. Como talvez a resposta seja afirmativa, pergunte-se o que aprendeu sobre procedimentos básicos para resolver o problema e sobre como superar a turbulência emocional que o acompanhou. Mesmo que naquela ocasião o resultado não tenha sido o que esperava, hoje é um novo dia. Aquilo foi antes, isto é agora. Quando aprendemos com o passado, não precisamos revivê-lo, a menos que seja útil aos nossos propósitos. Foi o que Dale Carnegie quis dizer quando nos aconselhou a viver um dia de cada vez.

Muita gente perde uma enorme quantidade de energia pensando no que aconteceu ontem ou no que pode acontecer amanhã. Em meio a uma crise, você simplesmente não pode se dar ao luxo de desperdiçar energia. "Você e eu", escreveu certa vez Dale Carnegie, "estamos neste exato segundo no encontro de duas eternidades: o passado, que perdurará para sempre, e o futuro, que se encaminha para o final dos tempos. Mas é impossível viver em qualquer uma dessas eternidades por uma fração de segundo que seja."

As implicações disso para a liderança em momentos de crise devem ser muito claras: use sua experiência para guiá-lo em uma direção positiva, mas perceba que está vivendo aqui e agora. O passado é um recurso ao qual podemos recorrer, não um fantasma que nos assombra.

PROCURE APOIO

Algo difícil para qualquer líder em meio a uma crise é a sensação de isolamento que, comumente, se manifesta. Por sua própria natureza, os líderes se responsabilizam por si mesmos. Como resultado, às vezes relutam em pedir o apoio de outras pessoas, sobretudo em circunstâncias difíceis.

Se você acha que pedir ajuda prejudica de alguma forma sua liderança, aprenda a resistir a essa propensão. Obter apoio externo é extremamente importante em uma crise, não só na tomada de decisões como também no enfrentamento de inevitáveis tensões emocionais. Caso esteja enfrentando momentos difíceis, converse com alguém de sua confiança sobre suas ideias e emoções. Se as mantiver reprimidas, elas poderão interferir em seu processo decisório e em sua capacidade de liderar com eficiência.

Concentrar-se exclusivamente no problema em questão o deixará exausto, assim como as pessoas ao seu redor. Portanto, encontre alguém com quem se sinta seguro e peça seu apoio. Você voltará ao trabalho com a mente mais clara e o coração mais leve.

ENCONTRE TEMPO PARA DESCANSAR E RELAXAR

Anteriormente nos referimos ao comportamento exemplar do presidente John Kennedy durante a crise dos mísseis cubanos. Nos últimos anos, vários livros foram publicados sobre esse incidente. Muitos oferecem uma clara descrição dos esforços de Kennedy para se manter relaxado, mesmo com a situação cada vez mais sombria. Depois de passar horas à mesa de conferências com seus principais assessores, literalmente decidindo o destino do mundo, o presidente Kennedy assistia a um filme, brincava com os filhos ou tirava uma soneca. Embora isso provavelmente exigisse um elevado grau de autodisciplina, Kennedy conhecia a importância do descanso e do relaxamento.

Durante qualquer crise, regularmente reserve algum tempo para se afastar dela – mesmo que tenha que se esforçar para fazê-lo. Isso não significa se esquivar de suas responsabilidades. Na verdade, é uma das melhores formas de se preparar para enfrentar uma adversidade.

EVITE CULPAR OS OUTROS E ASSUMA A RESPONSABILIDADE

Nosso último ponto sobre a maestria da liderança em uma crise relaciona-se a questões de culpa e responsabilidade. O conceito de culpa é, na verdade, muito fácil de lidar. Basta banir para sempre de sua mente todos os pensamentos culposos. A culpa é simplesmente energia desperdiçada, então deixe que vá embora.

Quanto à responsabilidade, você é o líder. Não atribua responsabilidades – chame-as para si. O que quer que aconteça sob sua liderança é, em última instância, responsabilidade sua. Se as pessoas cometem erros, deveriam estar mais bem preparadas, e prepará-las é atribuição do líder. Se alguém se mostra incompetente, não deveria ter sido contratado, e contratações são tarefas do líder. Até que esteja preparado para aceitar a responsabilidade por literalmente tudo o que acontece sob sua liderança, você não pode realmente ser chamado de mestre em liderança. Comece agora mesmo a aceitar essa responsabilidade. Assim respeitará a si mesmo e ganhará o respeito da equipe – pois, para um verdadeiro líder, não existem desculpas.

Vamos examinar como esse princípio se aplica a uma situação de liderança no mundo real. Talvez você se lembre dos incidentes narrados a seguir. São um ótimo exemplo de como os mestres em liderança devem se comportar sob estresse e de como não devem se comportar.

Na primavera de 1985 a Coca-Cola Company tomou uma das decisões administrativas mais audaciosas da história empresarial americana: decidiu mudar a fórmula de sua bebida mundialmente famosa. A decisão não foi tomada levianamente: numerosas pesquisas de mercado haviam revelado que as pessoas queriam um refrigerante com sabor mais doce, o tipo de sabor oferecido pela Pepsi, arquirrival da Coca-Cola.

A campanha publicitária que ficou conhecida como "Desafio Pepsi", na qual consumidores vendados repetidamente escolhiam a Pepsi em vez da Coca, estava se mostrando extremamente eficaz. Por fim, a alta direção da Coca-Cola decidiu que algo precisava ser feito. E o fizeram. Os dois executivos que tomaram essa decisão foram Roberto C. Goizueta, CEO da Coca-Cola, e Donald R. Keough, presidente e diretor de operações.

Ambos eram líderes de negócios experientes e altamente respeitados. Na crise de marketing que enfrentaram, Goizueta e Keough concluíram que não tinham alternativa a não ser criar uma nova Coca-Cola. O produto foi apresentado ao mundo, mas o que os executivos não perceberam (ou o que esqueceram temporariamente) é que, para o povo americano, a Coca era mais que um produto; era mais do que uma combinação de cafeína, açúcar e água com gás.

A inovação foi desastrosa. O público reagiu como se uma confiança sagrada tivesse sido traída. Milhares de cartas chegaram à sede da Coca-Cola em Atlanta. Muitas pessoas disseram que jamais voltariam a comprar uma Coca. Outras disseram que se sentiam totalmente confusas com a mudança feita em sua bebida favorita. E outras, ainda, acharam que estava havendo algum tipo de conspiração. O tom das cartas variava entre triste, negativo e flagrantemente hostil.

No espaço de poucas semanas, o novo produto começou a se tornar alvo de chacotas em *talk shows* e cartuns de jornal. Milhões haviam sido gastos no desenvolvimento da New Coke, que não rendera um centavo. "Estou dormindo feito um bebê", declarou o CEO Goizueta. "Acordo a cada duas horas e choro." À medida que a pressão aumentava, a direção da empresa percebeu que algo precisava ser feito.

Finalmente, menos de três meses após o lançamento do novo produto, os dirigentes da Coca-Cola deram uma entrevista coletiva para anunciar um recuo. Por exigência popular, o antigo refrigerante seria trazido de volta. Na entrevista coletiva, Donald Keough falou com eloquência sobre a reviravolta. "Amamos qualquer recuo que nos faça devolver aos nossos melhores clientes a bebida que eles mais amam", disse ele. "Algumas pessoas dirão que a Coca-Cola cometeu um erro incompreensível de marketing. Outras podem dizer que nós planejamos tudo isso", disse Goizueta, "mas a verdade é que não somos nem tão espertos nem tão burros."

Esse foi um exemplo da verdadeira maestria da liderança. Em vez de dar desculpas ou atribuir culpas, o executivo da Coca-Cola se referiu ao amor pelo cliente, ainda que reconhecendo uma derrota humilhante. Na verdade, ele usou duas vezes a palavra "amor". E encontrou um modo de descrever a experiência como algo gratificante. Os dirigentes da Coca-Cola não culparam ninguém e ninguém os culpou. Não demorou e a Coca estava vendendo mais do que nunca.

Nos anos que transcorreram desde o fiasco da New Coke, os custos do episódio se diluíram, mas a maestria demonstrada pelos executivos da Coca ao lidarem com seu erro permanece muito clara.

UM POBRE EXEMPLO DE MAESTRIA DA LIDERANÇA

Infelizmente para a Coca-Cola Company, a lição de 1985 não foi aproveitada por um líder mais recente, que enfrentou outra crise administrativa no verão de 1999. Douglas Ivester foi presidente e COO (diretor de operações) da Coca-Cola de 1997 a 2000. Logo após assumir a liderança, Ivester subiu ao palco em uma feira do setor de refrigerantes e fez um discurso que o apresentou ao mundo. Sem sombra de dúvida, ele queria ser visto como um administrador agressivo e implacável, como sugeria o título de seu discurso, "Seja diferente ou se dane", o que poderia ser o lema do negócio de refrigerantes. Durante seu discurso, Ivester chegou a se comparar a um lobo: voraz, feroz e autossuficiente.

"Eu quero seus clientes", declarou ele. "Eu quero o espaço de vocês nas prateleiras. Eu quero cada percentual de crescimento que haja no setor de refrigerantes." Cabe observar que a palavra "amor" não aparece nesse discurso. Não há qualquer referência ao amor pelos clientes nem à alegria de correr em direção a eles com a bebida que amam. Mas há uma prevalência marcante do pronome "eu".

Não é uma palavra que os mestres em liderança normalmente enfatizem e não pode ser encontrada em nenhum lugar no discurso de Donald Keough. Keough, na verdade, parecia preferir o pronome "nós" (uma palavra, a propósito, muito mais compatível com a maestria da liderança). Como mais tarde ficou constatado, o final da década de 1990 não foi uma época particularmente boa para a Coca-Cola Company liderada por Douglas Ivester.

Na Bélgica, um lote de Coca-Colas contaminadas fez várias crianças em idade escolar ficarem doentes. Em termos humanos, foi uma situação muito mais séria do que a controvérsia sobre a New Coke. Mesmo assim, Ivester não respondeu com a atenção centrada nos clientes demonstrada pelos líderes da empresa em 1985. Alegou que se tratava de um problema menor relacionado ao dióxido de carbono. Ele poderia até ter razão se o problema fosse simplesmente uma questão de química. Mas Ivester estava muito equivocado no tocante ao comportamento de um líder e à necessidade de uma comunicação efetiva. Aliás, ele só respondeu publicamente à crise das Coca-Colas contaminadas quando esta foi alvo de noticiários negativos no mundo inteiro. Seja lá o que for que tenha acontecido na Bélgica, a percepção negativa do incidente foi agravada porque um líder não soube se comunicar adequadamente.

Como se isso não bastasse, um erro de marketing cometido logo em seguida pareceu selar o destino de Douglas Ivester como CEO da Coca-Cola:

ele decidiu instalar, nas máquinas de venda automática, um termostato que aumentaria o preço dos refrigerantes quando a temperatura ambiente aumentasse. Embora tenha possibilitado um bom esquete humorístico no *Saturday Night Live*, a ideia foi uma das piores já concebidas no moderno mundo empresarial. Quando uma ideia como essa parte do líder de uma sólida instituição americana, nada mais natural que receba intensa cobertura jornalística. Alguns meses mais tarde, sem nenhuma surpresa, o conselho de administração da Coca-Cola obrigou Ivester a deixar o emprego.

Se Dale Carnegie estivesse presente durante as discussões sobre a máquina termostática, não há dúvida sobre o que teria dito. Ele não teria criticado a ideia, claro, pois Carnegie raramente era negativo. E além disso não acreditava que críticas fossem algo produtivo; talvez até dissesse que a ideia era interessante. Mas sua filosofia nos sugere que teria proposto uma máquina que baixasse o preço dos refrigerantes em vez de aumentá-lo. Foi uma pena, para a Coca-Cola, que Carnegie não tenha participado dos debates, pois sua ideia teria rendido milhões à empresa.

EM AÇÃO

1. Conforme mencionado no início deste capítulo, os três princípios básicos da gestão de crises são as seguintes instruções:

    - Fique calmo.

    - Divida a crise em partes administráveis.

    - Veja se há pelo menos uma pequena parte do problema que você pode resolver e se há opções que não considerou.

    Descreva uma situação difícil que esteja enfrentando em alguma área de sua vida (quanto mais difícil a situação, melhor). Em seguida, relate a abordagem que está adotando para lidar com o problema. Depois de revisar os três princípios mencionados antes, liste pelo menos três outras opções que você pode aplicar para resolver o problema (talvez até opções que possa ter considerado seriamente mas depois rejeitou).

2. Dale Carnegie sugeriu que fossem executadas as seguintes etapas para quebrar o hábito de se preocupar antes que ele o destrua. Coloque um ✓ ao lado das sugestões que acha que dominou claramente e coloque um X naquelas que ainda precisa elaborar. E, a próxima vez que a preocupação ameace dominar você, ponha em prática as seguintes medidas:

- Mantenha-se ocupado. Muita ação é uma das melhores terapias já concebidas para tirar preocupações da mente.

- Não se preocupe com ninharias. Tampouco permita que pequenas coisas, meros cupins da vida, arruínem sua felicidade.

- Use a lei da probabilidade para banir suas preocupações. Pergunte a si mesmo: "Quais são as chances de isso acontecer?"

- Coopere com o inevitável. Se sabe quais circunstâncias estão além do seu poder de mudá-las, diga a si mesmo: "É assim. Não pode ser de outra forma."

- Coloque uma ordem de "parar a perda" em suas preocupações. Decida quanta ansiedade determinada coisa pode valer e recuse-se a dar mais.

- Deixe o passado enterrar o passado – não fique enxugando gelo.

- Reflita sobre sua vida e anote com o que você se preocupa. Faça uma lista dessas preocupações e, em seguida, pense em cada uma no pior cenário possível. Depois use as inúmeras ferramentas que lhe oferecemos para enfrentá-las. Continue trabalhando nelas até que a ansiedade desapareça. Mas lembre-se: não importa o que você faça, entre em ação. Nada é mais debilitante que a inação e a paralisia.

23

Construindo fundações firmes para um futuro imprevisível

Lembre-se de que os indivíduos podem estar totalmente errados, mas não pensam assim. Não os condene. Qualquer idiota pode condenar alguém. Tente entendê-los. Somente pessoas sábias, tolerantes, admiráveis fazem isso.
Há uma razão pela qual os outros pensam e agem de determinada forma. Descubra esse motivo e você terá a chave não só de suas ações, mas talvez da personalidade deles.
Tente sinceramente se colocar no lugar do outro. Se disser a si mesmo "Como eu me sentiria, como eu reagiria se estivesse no lugar dele?", você vai economizar tempo e evitar aborrecimentos. Quando você se interessa pela causa, é menos provável que não goste do efeito. E mais provável que aumente, consideravelmente, sua habilidade nos relacionamentos humanos.

– DALE CARNEGIE

NESTE CAPÍTULO VAMOS REVER alguns dos conceitos abordados e os princípios de Dale Carnegie que os fundamentam. Em seguida, indicaremos como você poderá colocá-los em prática em resposta aos desafios de liderança que ocorrem no mundo real.

A EVOLUÇÃO DA LIDERANÇA NUM MUNDO EM TRANSFORMAÇÃO

Voltemos nossa atenção para as enormes mudanças que têm ocorrido ao longo dos anos. Até o alvorecer do novo milênio, os Estados Unidos passaram por um período de prosperidade econômica. Os bons tempos foram comparados ao *boom* do pós-guerra na década de 1950, mas com uma diferença significativa: nesse período os americanos realmente acreditavam que os bons tempos jamais acabariam. Éramos os conquistadores do mundo. Tínhamos planejado tudo. Acreditávamos que não só éramos diferentes das outras pessoas como também muito melhores.

Nem é necessário dizer que, como hoje, algumas surpresas nos estavam reservadas. O *boom* do pós-guerra e a economia americana acabaram degringolando. A crise do petróleo da década de 1970 foi talvez o primeiro sinal disso, seguido por uma percepção geral de que os Estados Unidos talvez não fossem mais capazes de competir num mercado global em expansão. O Japão de repente parecia ser o dono do futuro – em tudo, de carros a televisores, os japoneses melhoravam nossos produtos e os vendiam de volta para nós.

Então alguns eventos inesperados ocorreram. A alta tecnologia americana saiu das garagens da Califórnia para o mercado mundial. A vanguarda da revolução econômica mais profunda desde a invenção da máquina a vapor estava agora firmemente ancorada nos Estados Unidos. Além disso, o ambiente geopolítico da Guerra Fria, que dominara o mundo durante quarenta anos, de repente se evaporou. Em meio a tudo isso, o significado de liderança foi fundamentalmente alterado: a imagem do líder como um comandante militar de rosto severo desapareceu. Já não precisávamos de alguém para nos liderar nas batalhas, mas de líderes que pudessem lidar com as mudanças e trabalhar de modo eficaz com uma força de trabalho diversificada, modelando em si mesmos as qualidades éticas, emocionais e espirituais que deles se esperava.

As mudanças foram enormes, mas o que podemos aprender com elas? Como podemos entendê-las de forma abrangente? Qual é o fio que liga a repentina ascensão econômica de um país, a repentina queda de outro e o súbito desaparecimento de outros? Em um mundo com tantas mudanças rápidas, como podemos entender o enredo geral?

LIDANDO COM UM FUTURO IMPREVISÍVEL

Na verdade, há um elo entre as mudanças inesperadas das décadas recentes: sua imprevisibilidade. Durante os anos de crescimento da economia americana na década de 1950, havia uma sensação de que as coisas ficariam cada vez melhores. O futuro parecia um caminho direto para um mundo americanizado, com carros da GM na garagem, geladeiras GE na cozinha e televisores RCA na sala de estar.

Numa escala maior, os futurólogos da década de 1950 previam viagens espaciais e cidades no fundo do mar, em que novos pioneiros se alimentariam de algas cultivadas em vastas fazendas submarinas e foguetes espaciais seriam a próxima inovação. Os computadores não eram desconhecidos na era do Sputnik, mas vistos como curiosidades incômodas – na melhor das hipóteses, robôs logo estariam fazendo nosso trabalho para nós. Praticamente ninguém previu o que de fato aconteceria. As mais brilhantes mentes do mundo foram totalmente pegas de surpresa pela revolução da informação. Foram também surpreendidos pela guerra no Vietnã, a inflação galopante, a escassez de gasolina da década de 1970, a tomada de reféns americanos no Irã, a queda do comunismo e o colapso dos mercados de ações na Ásia.

OS MESTRES DA LIDERANÇA SÃO FLEXÍVEIS E TÊM PRINCÍPIOS

O objetivo aqui não é depreciar quem não consegue prever o que vem por aí. Seja o que for, provavelmente será bem diverso do que todos esperam. Portanto, como líder, você precisa ser flexível sem abdicar de seus princípios. Ou seja, deve estar sempre preparado para se ajustar a mudanças repentinas, mas conservando certas crenças, certos valores e comportamentos – não importa em que direção nem com que força os ventos estejam soprando.

OS PRINCÍPIOS DE DALE CARNEGIE SÃO UNIVERSAIS

Dale Carnegie parece ter sido esse tipo de líder, tanto na vida pessoal quanto no trabalho. Ele previu todas as mudanças que aconteceram ao longo de sua existência? Não. Mas fez algo mais importante: criou um conjunto de princípios atemporais que se mostram verdadeiros até mesmo no mundo estressante, veloz e incerto em que vivemos hoje.

Para começar, Carnegie nos aconselha a olhar a vida sob a perspectiva de outras pessoas. Trata-se de uma qualidade imprescindível em um líder, mas parece se tornar mais difícil à medida que a autoridade do líder aumenta.

Na Roma Antiga, quando um comandante militar regressava vitorioso, recebia uma celebração em sua homenagem. Enquanto uma biga o conduzia pelas ruas, um escravo era incumbido de acompanhá-lo. Tinha uma missão muito importante: a cada poucos momentos, sussurrava suavemente ao ouvido do herói "Lembre-se, você é mortal" – exatamente como qualquer outra pessoa. Hoje, sem dúvida há pessoas em posições de liderança que poderiam aproveitar esse conselho. Mas os mestres em liderança trabalham todos os dias para ver a vida e a si mesmos através dos olhos dos outros.

Vendo as coisas sob o ponto de vista dos outros

O falecido Sam Walton contratou funcionários em tempo integral para se postar à porta de uma loja Wal-Mart (hoje Walmart), cumprimentar os clientes e orientá-los na direção certa. Ele mesmo costumava fazer esse trabalho em suas frequentes visitas a suas lojas em todo o país. Por que fazia isso? Por que pagava outras pessoas para fazê-lo? Não se tratava apenas de hospitalidade caseira. Sam Walton era sábio o suficiente para ver o próprio negócio como seus clientes o viam. Sabia que muitos estavam entrando em uma loja enorme e bem iluminada pela primeira vez e que precisariam de orientação. Sabia que gostariam de uma loja que oferecesse isso e provavelmente retornariam.

Olhar as coisas sob o ponto de vista de outra pessoa não é algo que aconteça espontaneamente. É uma qualidade da maestria da liderança que a maioria de nós precisa desenvolver com esforço redobrado. Isso requer fazer muitas perguntas e ouvir as respostas de forma atenta. As perguntas não são complicadas, mas devem ser feitas repetidamente, seja no trabalho, em casa, com amigos e conhecidos: Que experiências de vida as outras pessoas trazem ao interagir com você? O que estão tentando alcançar? O que estão tentando evitar? O que será necessário para que sintam que o encontro foi um sucesso?

As respostas a essas perguntas serão sempre diferentes, mas todas fazem parte do processo de aprender a ver as coisas sob o ponto de vista de outras pessoas. E mostram que você está fazendo um esforço sincero para saber o que os outros realmente procuram e que, como líder, os ajudará a obter. Como disse Dale Carnegie: "Se você souber quais são os problemas das outras pessoas e as ajudar a resolvê-los, o mundo será seu."

Apreço e interesse genuínos são fundamentais

Se conhecer a perspectiva de outra pessoa exige, em grande parte, o ato de ouvir, motivá-la para uma ação positiva depende do que você diz e de como se comporta. É nesse ponto que os mestres em liderança entendem a importância do apreço, do reconhecimento e do elogio.

Quer você esteja lidando com o presidente de uma grande empresa ou com um balconista de supermercado, todos querem saber que estão fazendo um trabalho de primeira classe. Todos querem ouvir que são inteligentes, capazes e que seus esforços estão sendo reconhecidos. Um pouco de apreço no momento certo costuma ser suficiente para transformar um jogador desinteressado em uma estrela do time.

"Por que somos frequentemente inclinados a expressar críticas em vez de elogios?", Dale Carnegie perguntou certa vez. "Devemos tecer elogios ao menor sinal de melhoria. É isso que inspira o outro cara a continuar melhorando." Não é nada complicado, mas por alguma razão muita gente acha difícil distribuir até elogios bem merecidos. Um exemplo disso é o caso de um executivo de seguros da Costa Leste que, segundo ele mesmo relatou, sempre achou difícil oferecer feedback positivo. Em suas próprias palavras: "Nunca fui capaz de dizer a alguém: 'Sabe, eu realmente gosto do seu trabalho.' Nunca fui capaz de dizer: 'Obrigado por tudo o que você fez, obrigado por todo o tempo extra que dedicou à tarefa. Obrigado, porque o que você está fazendo é maravilhoso.'"

Após anos engolindo os elogios, o executivo de seguros por fim reconheceu a responsabilidade de um líder de fazê-los. Aprendeu isso, em parte, com o próprio chefe. "Ele é uma pessoa fora de série. Quando acha que algo não está indo bem, ele diz. Mas sempre encontra um jeito de incluir alguma coisa positiva. O que é muito reconfortante."

EM AÇÃO

1. Não temos como saber o que o futuro nos reserva. Um mestre em liderança é flexível e rápido nas respostas, seja qual for a situação. Em uma escala de 1 a 10, avalie sua flexibilidade (1 sendo inflexível e 10 sendo muito flexível).

    1   2   3   4   5   6   7   8   9   10
    Inflexível   *Muito flexível*

2. Ao interagir com outras pessoas, é importante estar aberto às capacidades que elas têm. Concentre-se em alguma coisa dentro de sua organização que esteja exigindo atenção. Observe todos os envolvidos e pergunte a si mesmo: Que experiências de vida esses indivíduos trazem para essa interação? O que estão tentando alcançar? O que estão tentando evitar? O que é necessário para que sintam que esse trabalho foi um sucesso?

3. Faça uma lista dos funcionários com quem trabalha em sua organização. Escreva três qualidades que cada um deles possui. Devem ser atributos positivos, importantes para o processo decisório. Inclua exemplos específicos de cada qualidade. Compartilhe suas observações com cada funcionário como forma de incentivo e prova de sua confiança nele.

24

Conclusão

Em seu livro How to Turn People in Gold *(Como transformar pessoas em ouro), Kenneth M. Goode diz: "Pare um minuto para contrastar seu agudo interesse em seus assuntos com sua leve preocupação com qualquer outra coisa. Perceba então que todas as outras pessoas no mundo se sentem exatamente da mesma forma! Assim, juntamente com Lincoln e Roosevelt, você conhecerá a única base sólida que existe para relacionamentos interpessoais, ou seja, que o sucesso em lidar com as pessoas depende de uma compreensão solidária do ponto de vista de cada uma delas."*

– Dale Carnegie

Nos locais de trabalho, hoje em dia, muitos líderes recorrem ao dinheiro como principal expressão de agradecimento. Salários, bônus, benefícios e regalias são as recompensas preferidas pela maioria das pessoas que detêm autoridade. Não há como negar que dinheiro é importante. Na verdade, porém, dinheiro é só uma das coisas que as pessoas procuram quando vão para o trabalho todas as manhãs. Quer percebam ou não, o respeito próprio e o respeito pelos outros são igualmente importantes.

UM POUCO DE RECONHECIMENTO SIGNIFICA MUITO

O CEO de uma grande fábrica de vidro encontrou uma forma de atender a essa necessidade de valorização sem envolver recompensas financeiras: levar a sério as sugestões dos funcionários. Ele lembra que, em certa época, solicitava feedback dos funcionários de modo impessoal. Tinha mandado instalar caixas de sugestões em certos pontos da fábrica, as quais, geralmente, só serviam para acumular poeira. Às vezes uma pequena recompensa em dinheiro era dada a alguém que tivesse uma boa ideia, mas isso poderia demorar uns seis meses. A medida criou tanto ressentimento quanto apreço, pois quem não recebia o dinheiro ficava com raiva de quem recebia.

Hoje as caixas de sugestões se foram, junto com tudo o que elas representavam. Ainda existe um programa de sugestões de funcionários, é verdade, mas não há recompensa em dinheiro. O reconhecimento vem sob a forma de um prêmio para o "funcionário da semana", juntamente com uma sessão de fotos e uma expressão pública de apreço. O reconhecimento fez o novo sistema de sugestões ser um grande sucesso. Se os funcionários sentem falta do dinheiro, o CEO não tem nenhuma indicação disso.

Os membros da equipe participam do programa por diversos motivos. Obviamente, desejam melhorar a qualidade de sua vida profissional, e suas ideias são um passo nesse sentido. Mas participam também porque desejam o reconhecimento público resultante da apresentação de uma boa ideia e a elevação da autoestima que o acompanha. O próprio CEO ficou surpreso com a força dessa motivação, mas isso já é coisa do passado. "As pessoas se preocupam em tornar as coisas melhores e gostam de saber que eu me preocupo com seus esforços nesse sentido. Elas podem trabalhar para ganhar dinheiro, mas vão além em função do reconhecimento, dos elogios e dos benefícios intangíveis. Tudo o que preciso fazer é dizer obrigado... e o resultado é incrível."

Como líder, o modo como você demonstra apreço é muito menos importante do que demonstrá-lo consistentemente e repetidas vezes. Recompense sempre a excelência, ou mesmo uma sincera tentativa de excelência. Incentive a participação motivada onde quer que a encontre, seja na sugestão de um funcionário ou na atuação de seu filho num campo de futebol. Recompense o esforço, não só os resultados.

APROVEITANDO O ENTUSIASMO

É importante também aproveitar o grande poder do entusiasmo, outro elemento de liderança que Dale Carnegie foi rápido em identificar. Como vendedor e mais tarde como professor de técnicas de vendas, ele conquistou mentes e corações pelo simples poder do entusiasmo – sentimento que é contagiante e faz as pessoas corresponderem. Isso vale para uma sala de aula, uma reunião de diretoria e uma campanha política. Se um líder empresarial não se entusiasmar com os rumos da empresa, não poderá esperar que seus colegas sejam diferentes. Se um pai não se mostrar entusiasmado com os progressos dos filhos na escola, não poderá se surpreender se os progressos cessarem. Se um indivíduo não estiver profundamente entusiasmado com a direção que sua vida tomou, deverá pensar seriamente em seguir um novo rumo.

Mas uma coisa deve ficar bem clara a respeito disso: falar aos berros não é sinal de entusiasmo, tampouco socar a mesa, dar pulos ou agir como criança. Comportamento tresloucado não significa estar entusiasmado. As pessoas logo perceberão isso, porque é óbvio: é falso! Não engana ninguém. De modo geral, prejudica mais do que ajuda. O entusiasmo precisa vir de dentro. Nenhum líder de verdade deve confundir entusiasmo autêntico com mera bufonaria.

Quando Neil Armstrong pisou na superfície da Lua em 1969, o mundo inteiro estava à espera do que ele diria. Durante meses especulou-se desenfreadamente sobre as palavras que certamente entrariam para a história. Seu entusiasmo transpareceu, mas ele não precisou gritar nem dar pulos. Apenas falou em voz baixa e comedida: "Um pequeno passo para o homem, um salto gigantesco para a humanidade." E disse tudo. Embora poucas, as palavras de Armstrong deixaram transparecer seu enorme entusiasmo.

VONTADE E AUTOCONFIANÇA

O verdadeiro entusiasmo é composto por dois elementos: vontade e autoconfiança. Nenhum desses elementos precisa ser espalhafatoso ou autoritário. Os líderes sabem transmitir tanto empolgação quanto autocontrole. Se você puder transmitir vontade e autoconfiança na voz, seu entusiasmo aparecerá. Você o tem e todos saberão disso.

Certa vez, Dale Carnegie perguntou ao presidente da Ferrovia Central de Nova York como ele escolhia seus colaboradores, as pessoas de quem dependeria o crescimento ou o declínio da empresa. A resposta que ouviu pode surpreender algumas pessoas. "A diferença de capacidade entre os que têm sucesso e os que fracassam não é grande nem impressionante", disse ele. "Mas, se dois indivíduos forem iguais, a balança tombará a favor do que for entusiasmado. Uma pessoa entusiasmada com talento de segunda classe muitas vezes supera alguém com talento maior."

Em suma, entusiasmo é tão importante quanto capacidade e trabalho árduo. Todos nós conhecemos pessoas brilhantes que nada realizam. Todos conhecemos pessoas que trabalham duro mas não chegam a lugar algum. Aqueles que trabalham duro, amam seu trabalho, têm uma atitude positiva e transmitem entusiasmo, entretanto, vão longe.

INJETANDO ENTUSIASMO EM SUA VIDA

Como aspirante a mestre em liderança, como você pode trazer entusiasmo para sua vida? Dale Carnegie explicou assim: "Adquirir entusiasmo é uma questão de acreditar em si mesmo e no que você faz. Quando se sentir assim, fale com alguém sobre isso. Conte o que o interessa e o que o deixa entusiasmado."

Tenha em mente, também, que o entusiasmo é mais fácil de ser adquirido quando você tem prazer com a vida. Deve haver coisas pelas quais você realmente anseia. Ao acordar de manhã, pense que algo bom vai acontecer ao longo do dia. Não precisa ser nada sensacional. Talvez seja alguma coisa relacionada ao trabalho. Talvez seja encontrar um amigo depois do trabalho ou passar uma hora jogando squash ou em uma livraria.

Qualquer que seja o evento agradável, o que realmente importa é o seguinte: a vida deve ser agradável e interessante. Injete essa convicção em tudo o que faz. Em seguida, observe o impacto que isso causa nos indivíduos que o cercam. Verá que eles se tornarão mais produtivos e dispostos a responder à sua liderança. A paixão é sempre mais poderosa que ideias frias, e o verdadeiro entusiasmo é contagiante.

LIDANDO COM PESSOAS NEGATIVAS

Já falamos sobre a disposição para elogiar e o poder do entusiasmo por parte de um líder. Não há como negar, porém, que um líder também encontra pessoas sem essas qualidades. Assim, devemos saber também como lidar com pessoas negativas. Às vezes a negatividade pode ser justificada. Líderes cometem erros. Líderes estão sujeitos a críticas. Afinal, são apenas humanos.

A respeito de erros, existem dois fatos fundamentais: primeiro, todo mundo comete erros; segundo, ninguém gosta de admiti-los. Todos nós nos irritamos quando o dedo acusador da responsabilidade é apontado em nossa direção. Ninguém gosta de ser alvo de reclamações, principalmente se forem justificadas. Mas os líderes sabem equilibrar o fato de que ninguém é perfeito com o fato de que ninguém gosta de críticas. Nem sempre é fácil manter ambas as bolas no ar, mas também não é impossível. Com um pouco de prática, esse malabarismo pode ser dominado por qualquer pessoa.

Admita seus erros

O primeiro passo é criar um ambiente em que ninguém esteja acima de críticas construtivas. Líderes que se colocam em um pedestal mais cedo ou mais tarde são derrubados. Assim, diga sempre que deficiências, inclusive as suas, são uma parte natural da vida. Ou seja, admita seus erros. Isso é muito importante para um líder. Você não pode esperar que outros façam o que você mesmo não faz por conta própria. Se você de fato pisou na bola, assuma. Esteja preparado para dizer: "A culpa é toda minha. Assumo total responsabilidade e vou fazer de tudo para que isso não se repita."

Também muito importante para um líder é fazer essas declarações o mais rápido possível. Admita seus erros antes que alguém tenha a chance de apontá-los. Você pode até rir deles, mas não na tentativa de minimizar seu impacto – seja bem claro a esse respeito. Se dominar a arte de admitir falhas, descobrirá algo surpreendente. As pessoas logo virão tranquilizá-lo e farão o possível para que você se sinta melhor. Tanto superiores quanto subordinados tirarão de seus ombros uma parte do peso. Assim funciona a psique humana.

Um exemplo impressionante dessa atitude ocorreu no *Derby* de Kentucky em 1957. Willie Shoemaker, um dos maiores jóqueis de todos os tempos, estava montando o cavalo favorito. E liderava a corrida quando, a cerca de 400 metros da linha de chegada, cometeu um erro incrível: calculou mal a posição e se ergueu nos estribos vários metros antes do tempo.

Foi um erro que nem um cavaleiro iniciante cometeria, muito menos um profissional experiente cavalgando um cavalo de primeira linha.

Desnecessário dizer que Shoemaker perdeu a corrida. Momentos depois, o proprietário do cavalo o confrontou à beira da pista. "O que houve?" perguntou. Shoemaker o olhou nos olhos. "Eu errei", respondeu. "É só o que eu posso dizer." Refletindo sobre o caso anos depois, o dono do cavalo perdedor conseguiu rir do incidente. "Quando ele admitiu o erro, eu coloquei o braço sobre seus ombros e lhe disse para esquecer o assunto. Mas vou lhe dizer uma coisa: se ele tentasse inventar uma desculpa, eu teria dado um soco no nariz dele."

Em termos práticos, a lição aqui é muito simples: os líderes sempre se comportam como líderes, mesmo quando cometem erros graves. Em última análise, a maestria da liderança está menos relacionada com aquilo que você faz do que com aquilo que você é. O que você faz pode variar de um dia para o outro, mas o que você é deve permanecer firme e imutável.

Dale Carnegie falou muito claramente a esse respeito: "Paciência, perseverança e coerência conseguem mais coisas neste mundo do que o mais brilhante momento transitório. Lembre-se disso quando as coisas derem errado. Muitas vezes você se sentirá desanimado, claro, mas o importante é superar o desânimo. Se você conseguir fazer isso, o mundo será seu."

As regras aqui expostas não são meras teorias ou suposições. São fórmulas testadas e comprovadas que o levarão a uma profunda plenitude pessoal e a um verdadeiro empoderamento. Essas regras não exigem anos de reflexão nem autoanálise. Tudo o que se pede para que você desenvolva seu estilo de liderança é honestidade. Dê a si mesmo permissão para ser criativo. Pense com a máxima originalidade possível e, acima de tudo, honre sua individualidade e o compromisso que assumiu de se aprimorar. Dale Carnegie disse uma vez: "Essas técnicas funcionam como mágica. Por incrível que pareça, eu as vi revolucionar a vida de milhares de pessoas. E poderão fazer o mesmo com você."

EM AÇÃO

1. Você possui atualmente, em sua organização, um plano de reconhecimento do trabalho dos funcionários? Em caso afirmativo, como

pode melhorá-lo? Caso contrário, execute as etapas de ação necessárias para criar um.

2. Todos nós temos que lidar com pessoas negativas tanto na vida pessoal quanto na profissional. Líderes eficientes podem apontar erros de modo positivo e proativo, sendo, ao mesmo tempo, claros e construtivos. Como você poderia melhorar suas interações com pessoas negativas em sua organização? Como líder e modelo, como poderia melhorar a própria reação aos erros que comete?

3. Plano de ação para o domínio da liderança: como revisão do trabalho que você já realizou nas etapas de ação anteriores do livro e como um exercício para obter mais ideias, escreva suas respostas a cada pergunta abaixo e aja de acordo com elas o mais brevemente possível. Como líder poderoso e prolífico, você possui as chaves do próprio futuro!

    a. Quem são as pessoas com quem você precisa se comunicar de modo mais eficaz?

    b. Como a motivação e a orientação dos funcionários podem aumentar sua eficácia como líder? De que forma você pode ajudar os outros a darem o melhor de si – e como pode trazer à tona o que há de melhor em si mesmo? Existe alguma área em sua vida que poderia se beneficiar de um mentor? Você conhece alguém para quem poderia desempenhar esse papel?

    c. De que maneira você poderia desenvolver as habilidades daqueles que procuram sua liderança? Como pode usar o trabalho árduo para desenvolver as próprias habilidades? E para fortalecer as áreas em que lhe faltem habilidades naturais?

    d. Você se sente à vontade correndo riscos? Existem áreas em que uma abordagem mais corajosa poderia beneficiar você e sua organização? Ou, pensando bem, acha que tem propensão a levar a prudência ao ponto de ruptura?

e. O livro discute dois tipos diferentes de liderança: inspiradora e organizacional. Em qual estilo de liderança você é mais forte? Como poderia melhorar em ambos os estilos?

f. Identifique quaisquer áreas de dificuldade que você possa encontrar para equilibrar as realizações profissionais com suas responsabilidades e realizações pessoais.

g. Onde você poderia colocar em uso, agora, as ferramentas de domínio da liderança que aprendeu? Que relacionamentos elas poderiam beneficiar? Que projetos poderiam levar adiante? Ao colocar essas ferramentas em ação, quem você poderia ajudar?

h. Você está satisfeito com o modo como lidou com crises no passado? O que teria feito diferente? Que lições poderiam ajudá-lo a descobrir oportunidades ocultas mesmo nas situações mais terríveis?

CONHEÇA OS LIVROS DE DALE CARNEGIE

Como fazer amigos e influenciar pessoas

Como evitar preocupações e começar a viver

Como fazer amigos e influenciar pessoas na era digital

Como falar em público e encantar as pessoas

Como se tornar inesquecível

Como desfrutar sua vida e seu trabalho

As 5 habilidades essenciais dos relacionamentos

Liderança

Para saber mais sobre os títulos e autores da Editora Sextante,
visite o nosso site e siga as nossas redes sociais.
Além de informações sobre os próximos lançamentos,
você terá acesso a conteúdos exclusivos
e poderá participar de promoções e sorteios.

sextante.com.br